গণপ্রজাতন্ত্রী বাংলাদেশের জাতীয় পতাকা

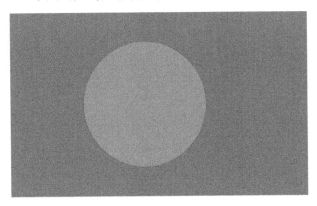

গণপ্রজাতন্ত্রী বাংলাদেশের জাতীয় পতাকায় সবুজ ক্ষেত্রের উপর স্থাপিত রক্তবর্ণের একটি ভরাট বৃত্ত থাকবে।

পতাকা নির্মাণের নিয়মাবলি

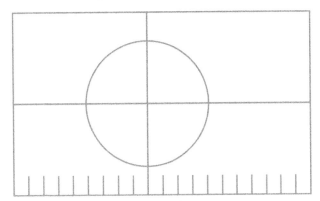

দৈর্ঘ্য ও প্রস্থের অনুপাত ১০ : ৬। অর্থাৎ যদি দৈর্ঘ্য ৩০৫ সেমি (১০ ফুট) হয়, প্রস্থ ১৮৩ সেমি (৬ ফুট) হবে। লাল বৃত্তটির ব্যাসার্ধ পতাকার দৈর্ঘ্যের পাঁচ ভাগের এক ভাগ। পতাকার দৈর্ঘ্যের ২০ ভাগের ৯ ভাগে একটি লম্ব (খাড়া সরলরেখা) টানতে হবে। তারপর প্রস্থের ঠিক অর্ধেক ভাগে দৈর্ঘ্যের সঙ্গে সমান্তরাল করে আর একটি রেখা টানতে হবে। এই দুটি রেখার ছেদবিন্দুই হবে বৃত্তটির কেন্দ্রবিন্দু।

ভবনে ব্যবহারের জন্য

(ভবনের আকার ও আয়তন অনুযায়ী)

৩০৫ সেমি X ১৮৩ সেমি (১০' X ৬')

১৫২ সেমি X ৯১ সেমি (৫' X ৩')

৭৬ সেমি X ৪৬ সেমি ($২\frac{1}{2}'$ X $১\frac{1}{2}'$)

জাতীয় সংগীত

আমার সোনার বাংলা, আমি তোমায় ভালোবাসি।
চিরদিন তোমার আকাশ, তোমার বাতাস, আমার প্রাণে বাজায় বাঁশি ॥
ও মা, ফাগুনে তোর আমের বনে ঘ্রাণে পাগল করে,
মরি হায়, হায় রে—
ও মা, অঘ্রানে তোর ভরা ক্ষেতে আমি কী দেখেছি মধুর হাসি ॥

কী শোভা, কী ছায়া গো, কী স্নেহ, কী মায়া গো—
কী আঁচল বিছায়েছ বটের মূলে, নদীর কূলে কূলে।
মা, তোর মুখের বাণী আমার কানে লাগে সুধার মতো,
মরি হায়, হায় রে—
মা, তোর বদনখানি মলিন হলে, ও মা, আমি নয়নজলে ভাসি ॥

—রবীন্দ্রনাথ ঠাকুর

গাওয়ার জন্য জাতীয় সংগীতের পূর্ণপাঠ

আমার সোনার বাংলা, আমি তোমায় ভালোবাসি।
চিরদিন তোমার আকাশ,
চিরদিন তোমার আকাশ, তোমার বাতাস,
আমার প্রাণে
ও মা, আমার প্রাণে বাজায় বাঁশি,
সোনার বাংলা, আমি তোমায় ভালোবাসি ॥
ও মা, ফাগুনে তোর আমের বনে ঘ্রাণে পাগল করে,
মরি হায়, হায় রে—
ও মা, ফাগুনে তোর আমের বনে ঘ্রাণে পাগল করে,
ও মা, অঘ্রানে তোর ভরা ক্ষেতে কী দেখেছি
আমি কী দেখেছি মধুর হাসি।
সোনার বাংলা, আমি তোমায় ভালোবাসি ॥
কী শোভা, কী ছায়া গো, কী স্নেহ, কী মায়া গো—
কী আঁচল বিছায়েছ বটের মূলে, নদীর কূলে কূলে।
মা, তোর মুখের বাণী আমার কানে লাগে সুধার মতো,
মরি হায়, হায় রে—
মা, তোর মুখের বাণী আমার কানে লাগে সুধার মতো,
মা, তোর বদনখানি মলিন হলে, আমি নয়ন
ও মা, আমি নয়নজলে ভাসি ॥
সোনার বাংলা, আমি তোমায় ভালোবাসি ॥

প্রসঙ্গ-কথা

শিশু এক অপার বিস্ময়। তার সেই বিস্ময়ের জগৎ নিয়ে ভাবনার অন্ত নেই। শিক্ষাবিদ, দার্শনিক, শিশুবিশেষজ্ঞ, মনোবিজ্ঞানীসহ অসংখ্য বিজ্ঞজন শিশুকে নিয়ে ভেবেছেন, ভাবছেন। তাঁদের সেই ভাবনার আলোকে জাতীয় শিক্ষানীতি ২০১০-এ নির্ধারিত হয় শিশু-শিক্ষার মৌল আদর্শ। শিশুর অপার বিস্ময়বোধ, অসীম কৌতূহল, অফুরন্ত আনন্দ ও উদ্যমের মতো মানবিক বৃত্তির সুষ্ঠু বিকাশ সাধনের সেই মৌল পটভূমিতে পরিমার্জিত হয় প্রাথমিক শিক্ষাক্রম। ২০১১ সালে পরিমার্জিত শিক্ষাক্রমে প্রাথমিক শিক্ষার লক্ষ্য ও উদ্দেশ্য পুনঃনির্ধারিত হয় শিশুর সার্বিক বিকাশের অন্তর্নিহিত তাৎপর্যকে সামনে রেখে।

বাংলা বাঙালির মাতৃভাষা। বাংলাদেশের রাষ্ট্রভাষা বাংলা। শিক্ষার সকল ক্ষেত্রে বাংলা গুরুত্বপূর্ণ স্থান দখল করে আছে। বাংলা কেবল একটি বিষয় নয়, এটি সকল বিষয় শেখার মাধ্যম। এদিক থেকে প্রাথমিক স্তরের শিক্ষার্থীদের বাংলা ভাষায় শোনা, বলা, পড়া ও লেখার দক্ষতা অর্জন অপরিহার্য। তাই বাংলা ভাষা শেখার ক্ষেত্রে শিক্ষার্থী যেন শ্রেণিভিত্তিক অর্জন উপযোগী যোগ্যতা আনন্দময় পরিবেশে আয়ত্ত করতে পারে সেদিকে লক্ষ রেখেই বাংলা পাঠ্যপুস্তকটি প্রণয়ন করা হয়েছে। প্রতিটি পাঠে শব্দ ও বাক্য সন্নিবেশের ক্ষেত্রে শিক্ষার্থীর বয়স, মেধা ও গ্রহণক্ষমতা যেমন বিবেচনা করা হয়েছে তেমনি বৈচিত্র্যময় করার দিকেও লক্ষ রাখা হয়েছে। পাঠ যথাসম্ভব নির্ভার করার জন্য ব্যবহৃত হয়েছে সহজ ও সাবলীল বাক্য। এ শ্রেণির শিশুদের জন্য নির্ধারিত অর্জন উপযোগী যোগ্যতা/শিখনফলভিত্তিক পাঠ ধারাবাহিক অনুশীলন ও মূল্যায়নের লক্ষ্যে পাঠের শেষে অনুশীলনীমূলক কাজের নমুনা সন্নিবেশিত হয়েছে।

কোমলমতি শিক্ষার্থীদের আগ্রহী, কৌতূহলী ও মনোযোগী করার জন্য মাননীয় প্রধানমন্ত্রী শেখ হাসিনার নেতৃত্বে আওয়ামী লীগ সরকার ২০০৯ সাল থেকে পাঠ্যপুস্তকগুলো চার রঙে উন্নীত করে আকর্ষণীয়, টেকসই ও বিনামূল্যে বিতরণ করার মহৎ উদ্যোগ গ্রহণ করেছে। সরকার সারাদেশে সকল শিক্ষার্থীর নিকট প্রাক-প্রাথমিক, প্রাথমিক স্তর থেকে শুরু করে ইবতেদায়ি, দাখিল, দাখিল ভোকেশনাল, এসএসসি ভোকেশনালসহ মাধ্যমিক স্তর পর্যন্ত পাঠ্যপুস্তক বিতরণ কার্যক্রম শুরু করে, যা একটি ব্যতিক্রমী প্রয়াস।

পাঠ্যপুস্তকটি রচনা, সম্পাদনা, যৌক্তিক মূল্যায়ন, পরিমার্জন এবং মুদ্রণ ও প্রকাশনার বিভিন্ন পর্যায়ে যাঁরা সহায়তা করেছেন তাঁদের জানাই আন্তরিক কৃতজ্ঞতা ও ধন্যবাদ। সংশ্লিষ্ট ব্যক্তিবর্গের সযত্ন প্রয়াস ও সতর্কতা থাকা সত্ত্বেও পাঠ্যপুস্তকটিতে কিছু ত্রুটি-বিচ্যুতি থেকে যেতে পারে। সেক্ষেত্রে পাঠ্যপুস্তকটির অধিকতর উন্নয়ন ও সমৃদ্ধি সাধনের জন্য যেকোনো গঠনমূলক ও যুক্তিসংগত পরামর্শ গুরুত্বের সঙ্গে বিবেচিত হবে। যেসব কোমলমতি শিক্ষার্থীর জন্য পাঠ্যপুস্তকটি রচিত হয়েছে তারা উপকৃত হবে বলে আশা করছি।

নির্দেশনা

একটি ধারাবাহিক ও নিয়মতান্ত্রিক প্রক্রিয়ার মধ্য দিয়ে শিশু ভাষাদক্ষতা অর্জন করে। শোনা ও বলা হচ্ছে ভাষাদক্ষতা অর্জনের প্রাথমিক স্তর। পড়া ও লেখার দক্ষতা অর্জনের জন্য শোনা ও বলার মাধ্যম হিসাবে ধ্বনি গুরুত্বপূর্ণ ভূমিকা পালন করে। ভাষাদক্ষতা অর্জনে শিশুদের তাই ধ্বনির চর্চা করানো প্রয়োজন। পাশাপাশি বাংলা ভাষার জন্য নির্ধারিত ধ্বনির প্রতীক সংশ্লিষ্ট বর্ণ চিনতে পারা প্রয়োজন। পড়া ও লেখায় পর্যায়ক্রমিকভাবে শিশুকে শব্দ পর্যায়ে ধ্বনি ও বর্ণ শনাক্ত করতে পারার সক্ষমতা অর্জন করতে হয়।

প্রথম শ্রেণিতে শিক্ষার্থীরা বাংলা ভাষার জন্য নির্ধারিত স্বরধ্বনি/বর্ণ ও ব্যঞ্জনধ্বনি/বর্ণ শনাক্ত করে তা সঠিক ধ্বনিতে উচ্চারণ করতে ও সঠিক আকৃতিতে লিখতে সমর্থ হবে। প্রথম শ্রেণি শেষে শিক্ষার্থীরা কারচিহ্ন যোগে শব্দ পড়তে ও লিখতে সমর্থ হবে। ছোট ছোট বাক্য পড়তে সমর্থ হবে। প্রথম শ্রেণিতে নির্ধারিত কিছু যুক্তবর্ণও শিক্ষার্থীরা অনুশীলন করবে। সঠিক উচ্চারণে ও সঠিক আকৃতিতে বর্ণ স্বাধীনভাবে পড়া ও লেখার দক্ষতা অর্জন করার জন্য শিক্ষক শিক্ষার্থীদের পর্যাপ্ত চর্চা করাবেন। শিখনে শিক্ষার্থীদের অগ্রগতি শিক্ষক নিয়মিতভাবে চর্চা করাবেন। যেসব শিক্ষার্থীদের অপেক্ষাকৃত বেশি সময় চর্চা করার প্রয়োজন শিক্ষক ধৈর্য ধরে তাদের শিখনে সহায়তা করবেন।

প্রতিটি নতুন পাঠ শুরুর পূর্বে পাঠের জন্য নির্ধারিত অর্জন-উপযোগী যোগ্যতা সম্পর্কে শিক্ষক নিশ্চিত হবেন। নির্ধারিত অর্জন-উপযোগী যোগ্যতা ও শিখনফল সম্পর্কে শিক্ষককে সুনির্দিষ্টভাবে জানতে শিক্ষক সংস্করণ সহায়তা করবে। বর্ণ, শব্দ ও বাক্যসমূহ শিখনের ক্ষেত্রে একটি অর্থপূর্ণ ভাষিক পরিমণ্ডল বিবেচনা করা হয়েছে। ভাষাশিখন প্রক্রিয়াকে শিক্ষার্থীদের জীবনঘনিষ্ঠ করার জন্য ভাষাসমগ্র পদ্ধতিকে (Whole Language Approach) ভাষা শিখনের ভিত্তি হিসেবে বিবেচনা করা হয়েছে।

এ বইয়ে ভাষা দক্ষতা হিসেবে শোনা, বলা, পড়া ও লেখার দক্ষতা অর্জনে শিক্ষার্থীদের জন্য সহায়ক শিখন-অনুশীলনী দেওয়া হয়েছে। শোনা, বলা, পড়া ও লেখার দক্ষতা অর্জনে শিক্ষার্থীদের সহায়তা করার জন্য শিক্ষক শ্রেণিকক্ষে নিম্নলিখিত শিখন-শেখানো কৌশল ব্যবহার করবেন।

শোনা ও বলা

শ্রেণিকক্ষে শোনা ও বলা সংশ্লিষ্ট শিখন-শেখানো কর্মকাণ্ডে শিক্ষার্থীদের সক্রিয়ভাবে অংশগ্রহণ করাতে শিক্ষক নিম্নলিখিত কাজগুলো করবেন:

- শ্রেণিকক্ষে সকল শিক্ষার্থী শুনতে পারে এমন শ্রুতিগ্রাহ্য স্বরে, স্পষ্টভাবে ও প্রমিত উচ্চারণে কথা বলবেন;
- শিক্ষার্থীদের সক্রিয়ভাবে শুনতে বলবেন;
- চিন্তার উদ্রেক করে এমন প্রশ্ন শিক্ষার্থীদের জিজ্ঞেস করবেন;
- চিন্তা করতে ও পর্যাপ্ত কথা বলতে শিক্ষার্থীদের উৎসাহিত করবেন;
- আলোচনায় সক্রিয়ভাবে অংশগ্রহণ করাবেন;
- শিক্ষার্থীদের নিজের অভিমত, মতামত প্রকাশের সুযোগ দেবেন;
- শিক্ষার্থীদের প্রশ্ন করতে উৎসাহিত করবেন।

পড়া

শিক্ষার্থীরা বর্ণের আকৃতির সাথে পরিচিত হবে। তারা শুধু বর্ণটির সঠিক আকৃতি শনাক্ত করতেই সমর্থ হবে না, বরং নির্দিষ্ট বর্ণ নির্ধারিত ধ্বনির সাথে সম্পর্কযুক্ত করতে পারবে ('আ' বর্ণটির জন্য এর ধ্বনি উচ্চারণ করে শব্দে এই ধ্বনির অবস্থান নির্ণয় করতে পারবে যেমন– আম, আতা ইত্যাদি)। শিখনের স্বাভাবিক প্রক্রিয়াতেই শিক্ষার্থীরা বুঝতে সমর্থ হবে যে, প্রত্যেকটি বর্ণ একটি প্রতীক যার একটি নির্দিষ্ট ধ্বনি আছে। এই বইয়ে বর্ণ ও ধ্বনি অনুশীলনীর পর্যাপ্ত সুযোগ রাখা হয়েছে।

প্রথম শ্রেণিতে শিক্ষার্থীরা শব্দ ও বাক্য পড়তেও সমর্থ হবে। ছোট ছোট বাক্যে লিখিত শিশুতোষ গল্পের মাধ্যমে শোনা ও বলার দক্ষতা অর্জন করবে। পাশাপাশি তারা পড়া ও লেখার দক্ষতাও অর্জন করতে শুরু করবে। প্রথম শ্রেণিতে শিক্ষার্থীরা অনেক নতুন শব্দ ও অর্থের সাথে পরিচিত হবে। পড়া ও লেখার দক্ষতা অর্জনে শিক্ষার্থীদের নতুন শব্দ শিখনের অভিজ্ঞতা শিক্ষক কাজে লাগাবেন।

লেখা

এই পাঠ্যপুস্তকে লেখার প্রাথমিক কাজ হিসেবে আঁকাআঁকির মাধ্যমে শিশুর হাতের পেশি সঞ্চালনমূলক উন্নয়নের সুযোগ রাখা হয়েছে। তাছাড়া শিক্ষার্থী যাতে সঠিক আকৃতিতে বর্ণ লেখার দক্ষতা অর্জন করতে পারে, সেজন্য পাঠ্যপুস্তকে বর্ণ লেখা অনুশীলনের ব্যবস্থা রয়েছে। বর্ণ লেখা চর্চার ক্ষেত্রে পাঠ্যপুস্তকে বর্ণ লেখার পাশাপাশি শিক্ষার্থীদের খাতায় বর্ণ লেখার পর্যাপ্ত অনুশীলন করাবেন। এই পাঠ্যপুস্তকে বর্ণ ছাড়াও শব্দ লেখার অনুশীলন রাখা হয়েছে। সহজ শব্দ দিয়ে ছোট ছোট বাক্য লেখার দক্ষতাও শিক্ষার্থীরা প্রথম শ্রেণিতে অর্জন করবে বলে প্রত্যাশা করা হচ্ছে।

শিখন পরিচালনার ক্ষেত্রে শিক্ষক শিক্ষার্থীর অবস্থা ও শিখন-শেখানো কৌশলের কার্যকারিতা নিরূপণের জন্য নিয়মিত শিখন মূল্যায়নের ব্যবস্থা গ্রহণ করবেন।

শিখন-শেখানো প্রক্রিয়া সম্পর্কে নির্দেশনা

এই পাঠ্যপুস্তকে প্রতিটি বর্ণ একটি ভাষিক অবস্থাকে নির্দেশ করে এমন ছবির মাধ্যমে উপস্থাপন করা হয়েছে। একটি পৃষ্ঠায় বিভিন্ন বর্ণের জন্য ব্যবহৃত ছবিসমূহ পরস্পর সম্পর্কযুক্তভাবে একটি গল্প তৈরি করে। ধ্বনি ও বর্ণ শিখনের ক্ষেত্রে শিক্ষক ছবি দেখিয়ে শোনা-বলা পদ্ধতিতে নির্দিষ্ট ধ্বনির জন্য পাঠ্যপুস্তকে ব্যবহৃত নির্ধারিত শব্দ ব্যবহার করবেন। পাশাপাশি শিক্ষার্থীদের দৈনন্দিন জীবনে ব্যবহার হয় এমন শব্দ শিক্ষার্থীদের বলতে শিক্ষক উৎসাহিত করবেন। পাঠ্যবইয়ের শব্দ ছাড়াও শিক্ষক সংশ্লিষ্ট ধ্বনির জন্য উপযুক্ত শব্দ উদাহরণ হিসেবে ব্যবহার করবেন।

কারচিহ্ন শিখন-শেখানোর ক্ষেত্রেও শিক্ষার্থীদের ছবি আলোচনায় শিক্ষক অংশগ্রহণ করাবেন। নির্দিষ্ট কারচিহ্নযুক্ত শব্দ ছবিতে খুঁজে বের করতে বলবেন। তারপর কারচিহ্ন দিয়ে শব্দ লেখা চর্চা করাবেন। সবশেষে বাক্য পড়া ও লেখা চর্চা করাবেন।

ছড়া ও কবিতা শিখন-শেখানোর ক্ষেত্রে শিক্ষক শুদ্ধ, স্পষ্ট ও প্রমিত উচ্চারণে শিক্ষার্থীদের ছড়া ও কবিতা শোনাবেন। শিক্ষার্থীরা মনোযোগ সহকারে শুনবে ও বলবে। শিক্ষার্থীরা আনন্দের সাথে ছড়া বলবে। প্রযোজ্য ক্ষেত্রে শিক্ষক কবিতা পড়ার ক্ষেত্রে শিক্ষার্থীদের সক্রিয় অংশগ্রহণ করাবেন। শিক্ষক কবিতা পড়ে শোনাবেন ও শিক্ষার্থীদের দিয়ে পড়াবেন।

প্রাসঙ্গিক আলোচনা, ছবি বিশ্লেষণ, বিষয়বস্তু সম্পর্কে ধারণা প্রদানের মাধ্যমে শিক্ষক গদ্য পাঠের জন্য শিক্ষার্থীদের প্রস্তুত করবেন। শিক্ষক নিজে শুদ্ধ, স্পষ্ট ও প্রমিত উচ্চারণে পড়বেন। শিক্ষার্থীরা মনোযোগ সহকারে শুনবে। শিক্ষক শিক্ষার্থীদের দিয়ে পড়াবেন ও প্রয়োজনীয় সহায়তা প্রদান করবেন। পড়া শেষে শিক্ষার্থীদের নির্দিষ্ট অনুশীলন করাবেন।

সূচিপত্র

পাঠ ১
আমার পরিচয়

ছবি সম্পর্কে বলি

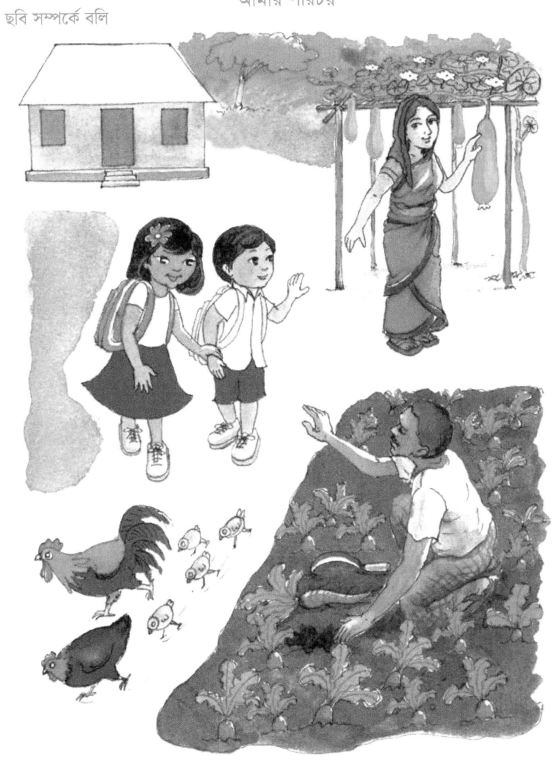

নিজের সম্পর্কে বলি

পাঠ ২
আমি ও আমার সহপাঠী

বিদ্যালয় সম্পর্কে বলি

সহপাঠীদের সাথে পরিচিত হই

পাঠ ৩

আমরা কী কী কাজ করি

মুখে মুখে বলি

আমরা ভোরে ঘুম থেকে উঠি।

খাওয়ার আগে ও পরে হাত ধুই।

দাঁত মাজি। হাত মুখ ধুই।

পড়ার সময় পড়ি।

বাড়ির কাজে সাহায্য করি।

খেলার সময় খেলি।

২০২১

পাঠ ৪

শুনি ও বলি

ছড়া

আতা গাছে তোতা পাখি
ডালিম গাছে মউ।
এত ডাকি তবু কথা
কও না কেন বউ।

ছবি দেখি ও শব্দ বলি

পাঠ ৫

কাক ও কলসি

শুনি ও বলি

বড় একটা মাঠ। মাঠের ওপারে ঘন বন।

এক ছিল কাক। সে খাবারের খোঁজে বনে যেতে চাইল। সে উড়তে শুরু করল।

উড়তে উড়তে তার খুব পিপাসা পেল। সে এদিক ওদিক তাকাল পানির খোঁজে। তখন একটা কলসি পড়ল তার চোখে।

সে খুব খুশি হলো। উড়ে গিয়ে বসল কলসির উপর।

সে এদিক ওদিক তাকাল। কাছেই দেখতে পেল অনেক নুড়ি। তার মাথায় একটা বুদ্ধি এলো।

সে দেখল পানি কলসির তলায়। কাক ঠোঁট ঢুকিয়ে দিল কলসিতে। কিন্তু নাগাল পেল না।

২০২১

কাক তখন কলসিটাকে কাত করতে চাইল। কিন্তু পারল না। তাই পানি খাওয়াও হলো না। তার খুব দুঃখ হলো।

সে একটা করে নুড়ি আনতে লাগল। ফেলতে লাগল কলসির ভিতরে।

কলসির ভিতরে একটা একটা
নুড়ি পড়ল। তলার পানিও উপরে
উঠতে লাগল।

এভাবে কাকটি অনেক নুড়ি
কলসিতে ফেলল। এক সময়
পানি কলসির মুখে উঠে এলো।

তখন কাকটি প্রাণ ভরে পানি পান
করল। তার পিপাসা মিটল।

কাক খুশি মনে ডানা ঝাড়া দিল।
তারপর উড়াল দিল বনের
দিকে।

৮

পাঠ ৬
আঁকাআঁকি

দেখে দেখে আঁকি

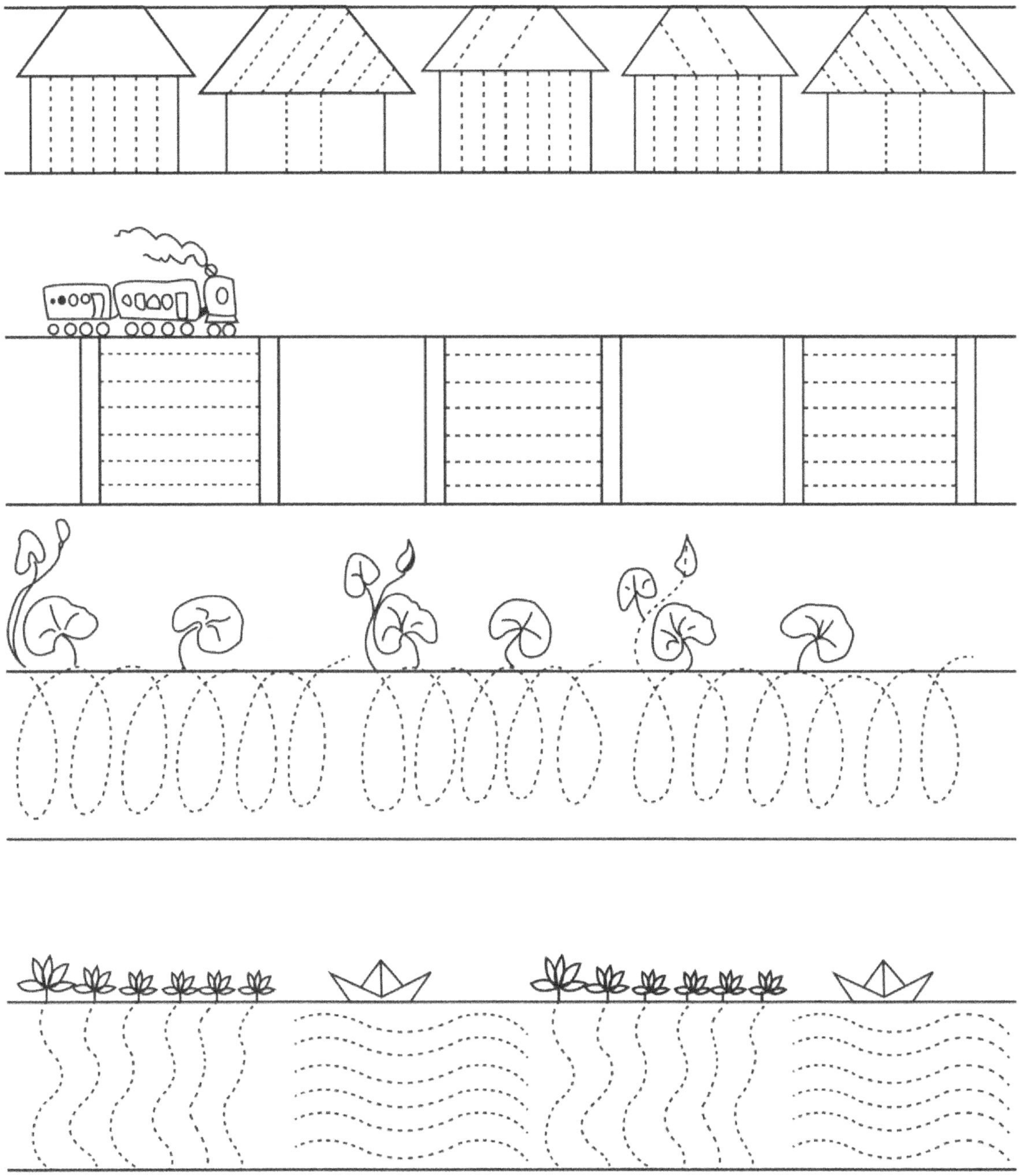

١٠

পাঠ ৭

বর্ণ শিখি: অ আ

শুনি ও বলি

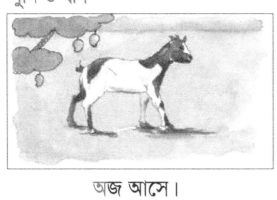

অজ আসে।

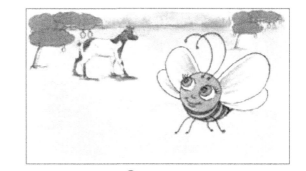

অলি হাসে।

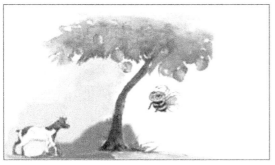

আম খাই।

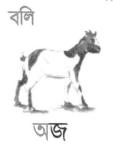

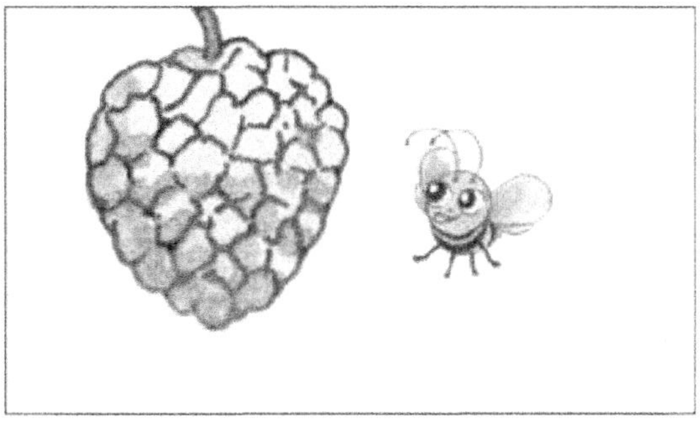

আতা চাই।

বলি

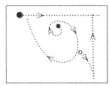

অজ

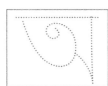

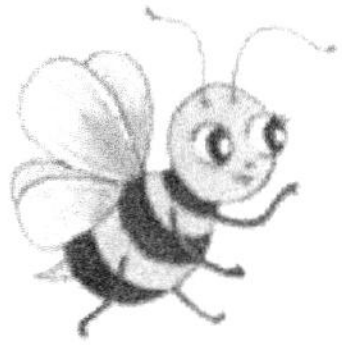

অলি

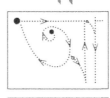

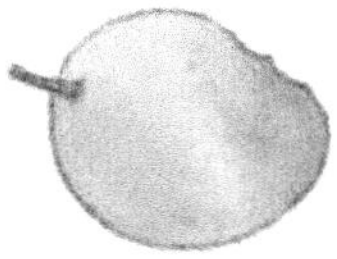

আম

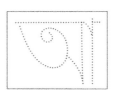

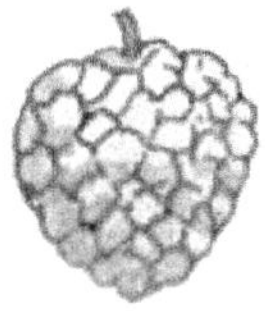

আতা

পড়ি ও লিখি

অ

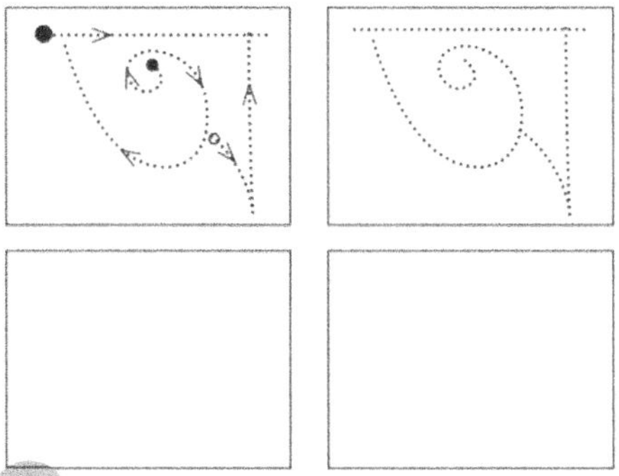

আ

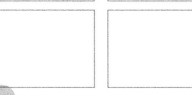

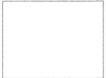

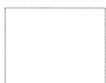

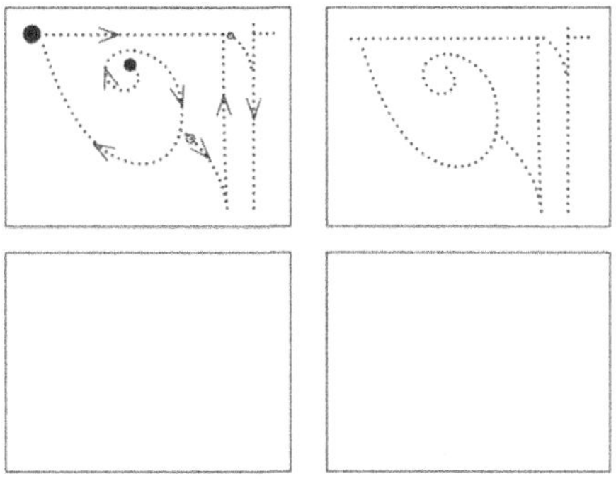

পাঠ ৮
বর্ণ শিখি: ই ঈ

শুনি ও বলি

ইট আনি।

ইলিশ কিনি।

ঈগল ওড়ে ঈশান কোণে।

বলি

ইট

ইলিশ

ঈগল

ঈশান

পড়ি ও লিখি

ই

ঈ

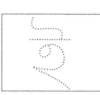

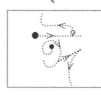

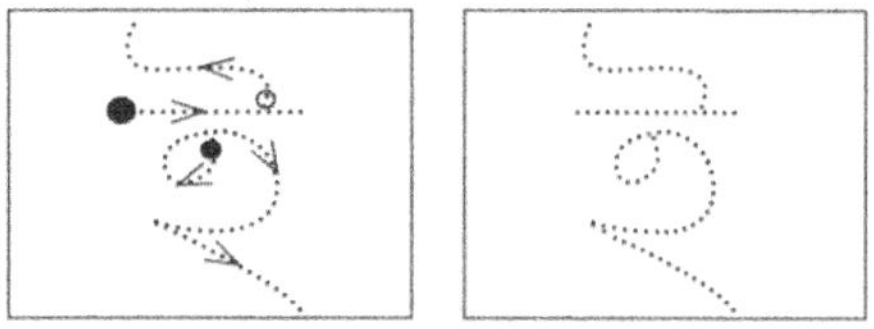

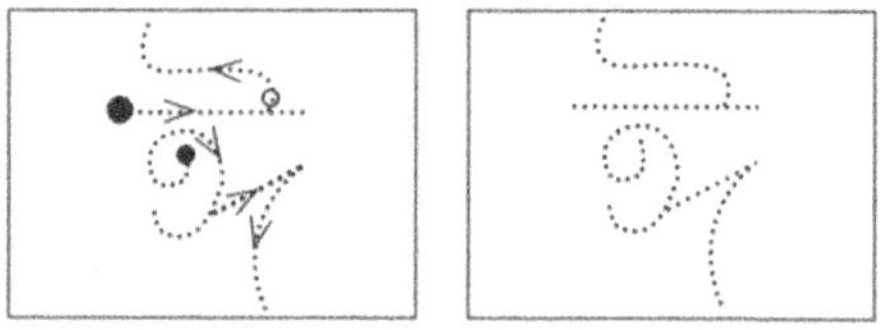

পাঠ ৯
বর্ণ শিখি: উ ঊ

শুনি ও বলি

উট চলে। উষা কালে।

ঊর্মি দোলে সাগর কোলে।

বলি

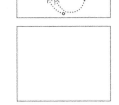

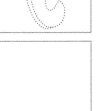

উট উষা ঊর্মি

পড়ি ও লিখি

উ

ঊ

২০২৪

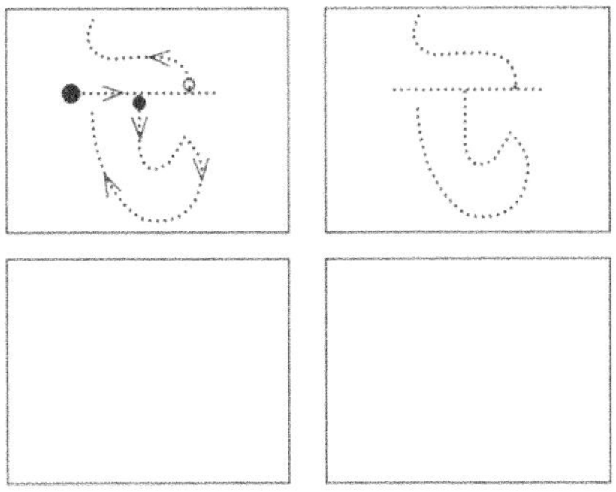

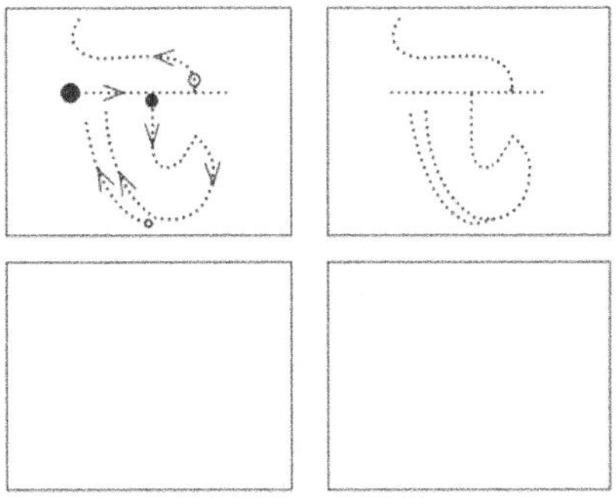

পাঠ
পাঠ ১৩
বর্ণ শিখি: ঋ

শুনি ও বলি

ঋতু যায়। ঋতু আসে।

ঋষি ঐ বসে আছে।

বলি

ঋতু

ঋষি

পড়ি ও লিখি

ঋ

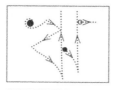

পড়ি ও ফাঁকা ঘরে সাজিয়ে লিখি

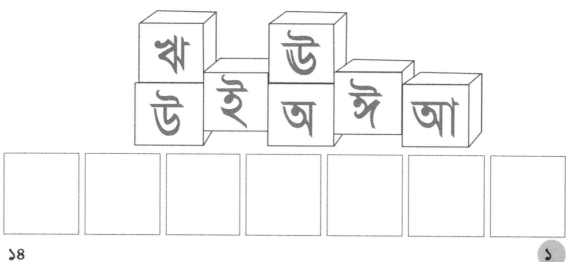

১৪

১

পাঠ ১১
বর্ণ শিখি: এ ঐ

শুনি ও বলি

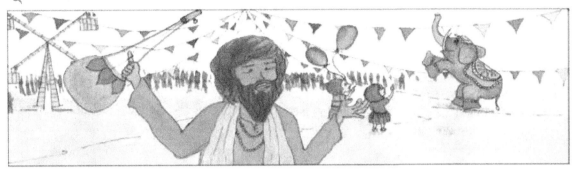

একতারা বাজে।

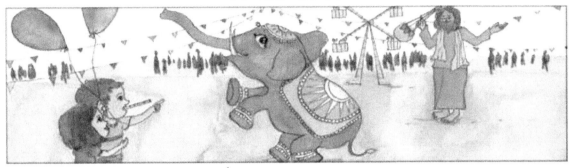

ঐরাবত সাজে।

বলি

এক

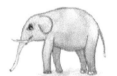

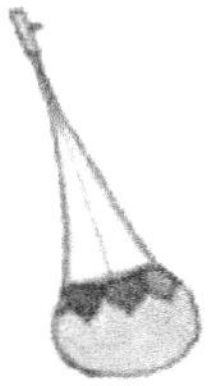

একতারা

ঐরাবত

পড়ি ও লিখি

এ

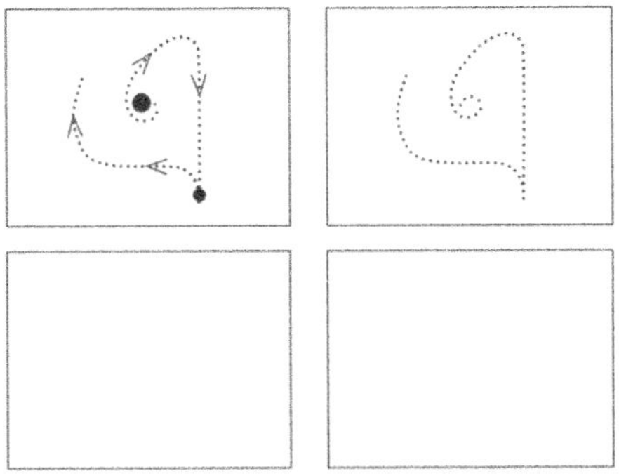

ঐ

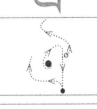

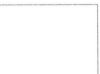

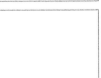

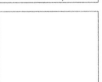

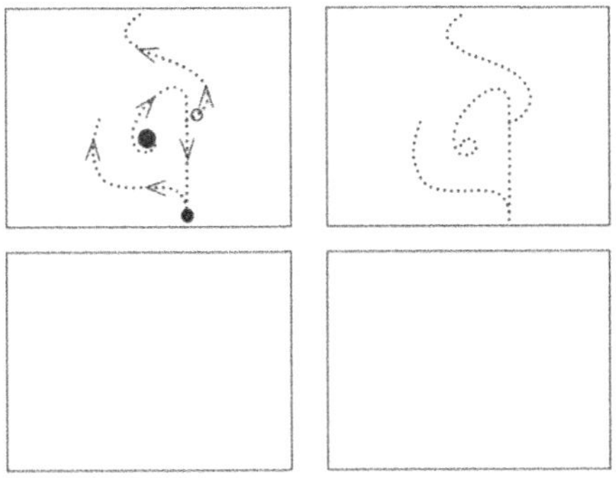

পাঠ ১২
বর্ণ শিখি: ও ঔ

শুনি ও বলি

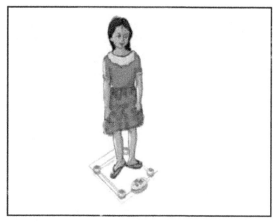

ওজন নাও।

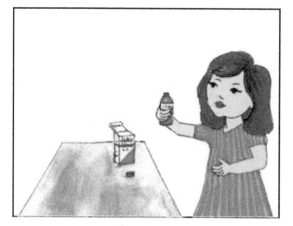

ঔষধ দাও।

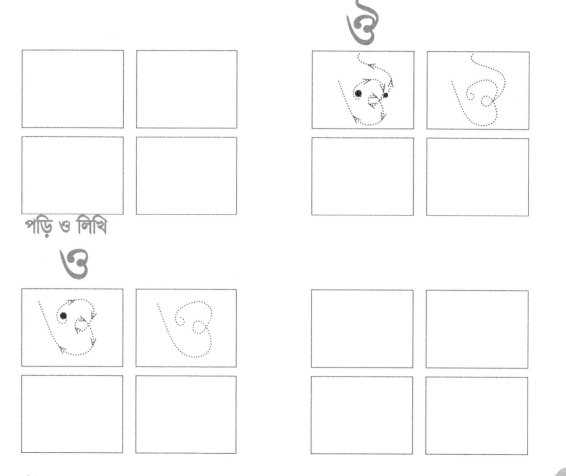

ঔ

পড়ি ও লিখি

ও

পাঠ

শুনি ও বলি

বলি

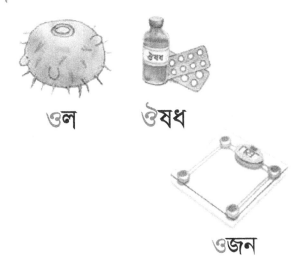

ওল

ঔষধ

ওজন

পাঠ ১৩

স্বরবর্ণ

বলি ও পড়ি

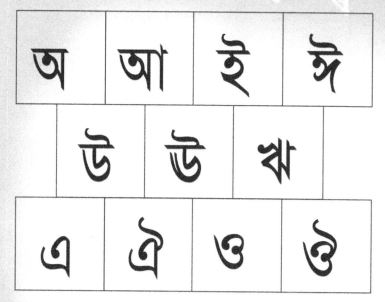

অ	আ	ই	ঈ
উ	ঊ	ঋ	
এ	ঐ	ও	ঔ

ডান দিকের লাল রঙের বর্ণ বাম দিকের খালি ঘরে ঠিক জায়গায় লিখি।

অ		ই	
	ঊ		
এ		ও	

ঐ	ঋ
আ	ঔ
উ	ঈ

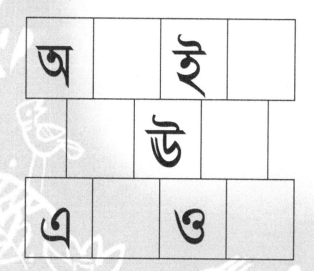

পাঠ ১৪

ইতল বিতল
সুফিয়া কামাল

শুনি ও বলি

ইতল বিতল গাছের পাতা

গাছের তলায় ব্যাঙের ছাতা

বিষ্টি পড়ে ভাঙে ছাতা

ডোবায় ডুবে ব্যাঙের মাথা।

(সংক্ষেপিত)

দেখি ও বলি

ইলিশ

বাইচ

খাই

জোড়ায় কাজ: ছন্দ মিলিয়ে শব্দ বলি

১৮

২০২১

পাঠ

পাঠ ১৫

রেখা যোগ করে ছবি আঁকি এবং রং করি

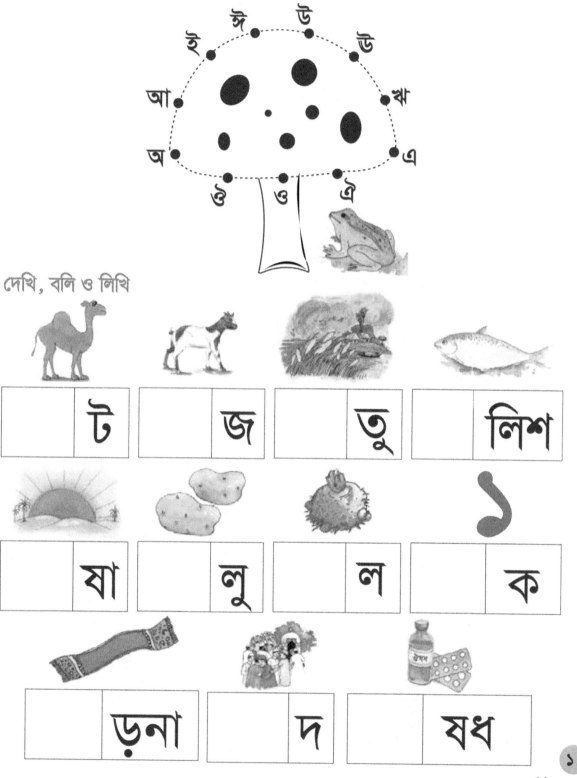

দেখি, বলি ও লিখি

	ট		জ		তু		লিশ

	ষা		লু		ল		ক

	ড়না		দ		ষধ

২০২১

পাঠ ১৬
বর্ণ শিখি: ক খ গ ঘ ঙ

শুনি ও বলি

কলম ধরি।

খবর পড়ি।

গম ভাঙাই।

ঘর বানাই।

ব্যাঙ ডাকে, ঘ্যাঙ ঘ্যাঙ!

বলি

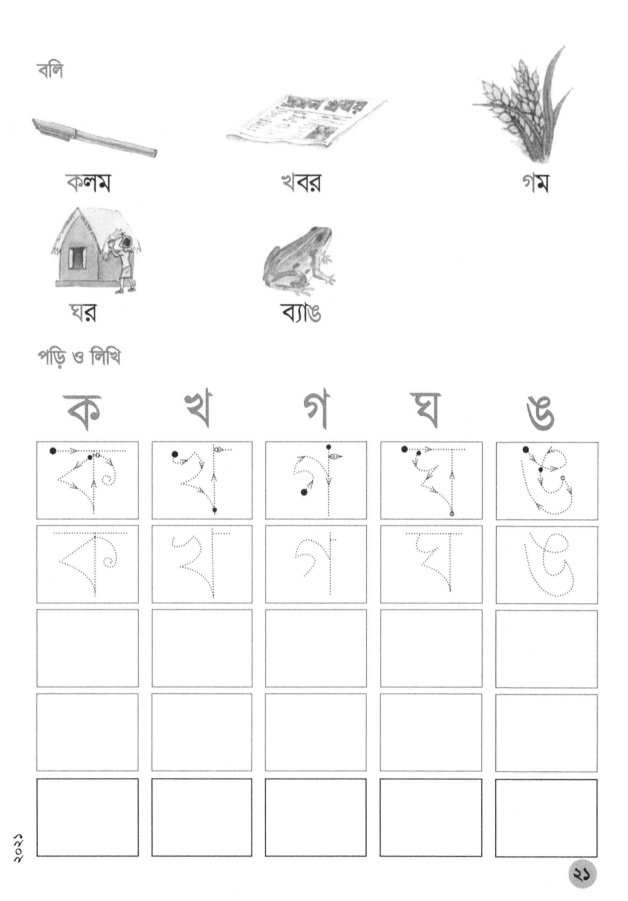

কলম

খবর

গম

ঘর

ব্যাঙ

পড়ি ও লিখি

ক খ গ ঘ ঙ

২০২৪

পাঠ ৭
বর্ণ শিখ: চ ছ জ ঝ ঞ

শুনি ও বলি

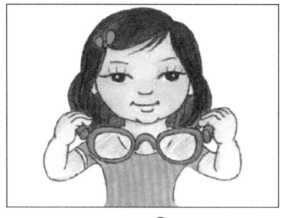

চশমা রাখি।

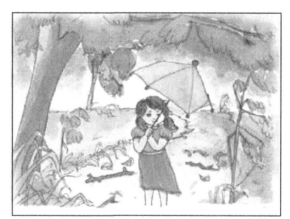

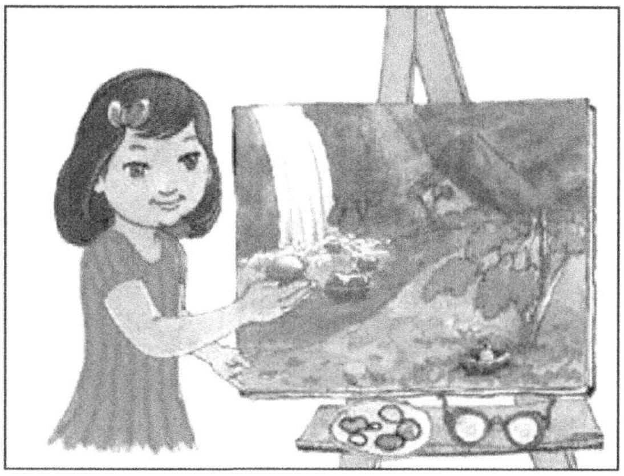

ছবি দেখি।

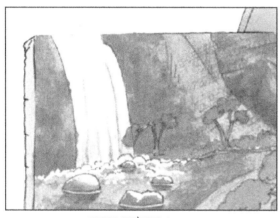

জল নামে।

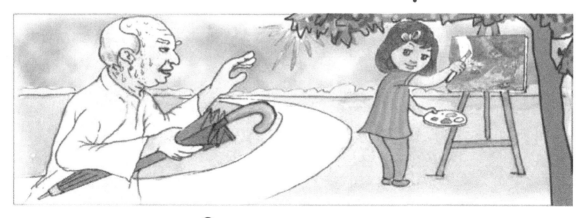

ঝড় থামে।

মিঞা ডাকে রোদে ঘেমে।

বলি

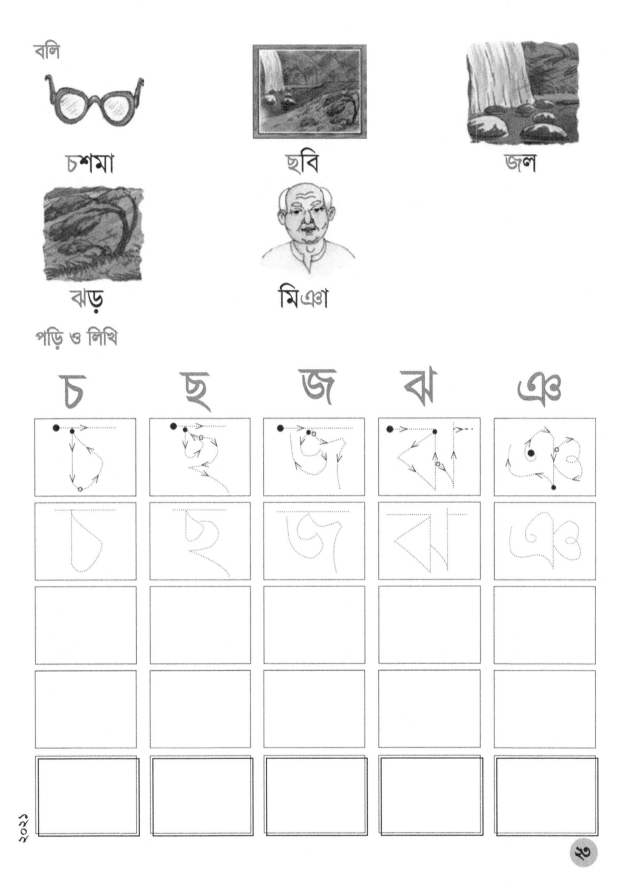

চশমা

ছবি

জল

ঝড়

মিঞা

পড়ি ও লিখি

চ ছ জ ঝ ঞ

২০২১

পাঠ ১৮
বর্ণ শিখি: ট ঠ ড ঢ ণ

শুনি ও বলি

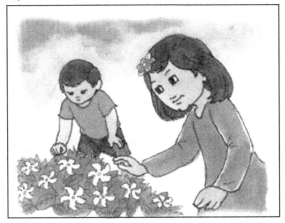

টগর তুলি।

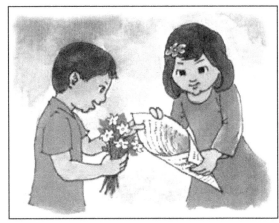

ঠোঙা খুলি।

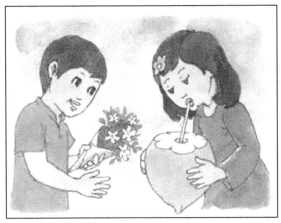

ডাব খাই।

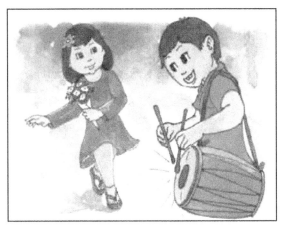

ঢাক বাজাই।

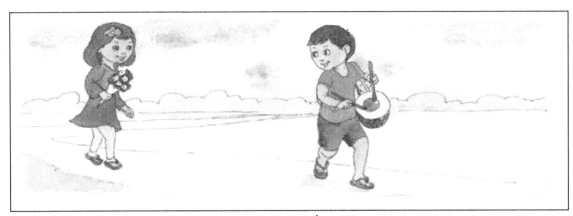

চরণ ফেলে মাঠে যাই।

বলি

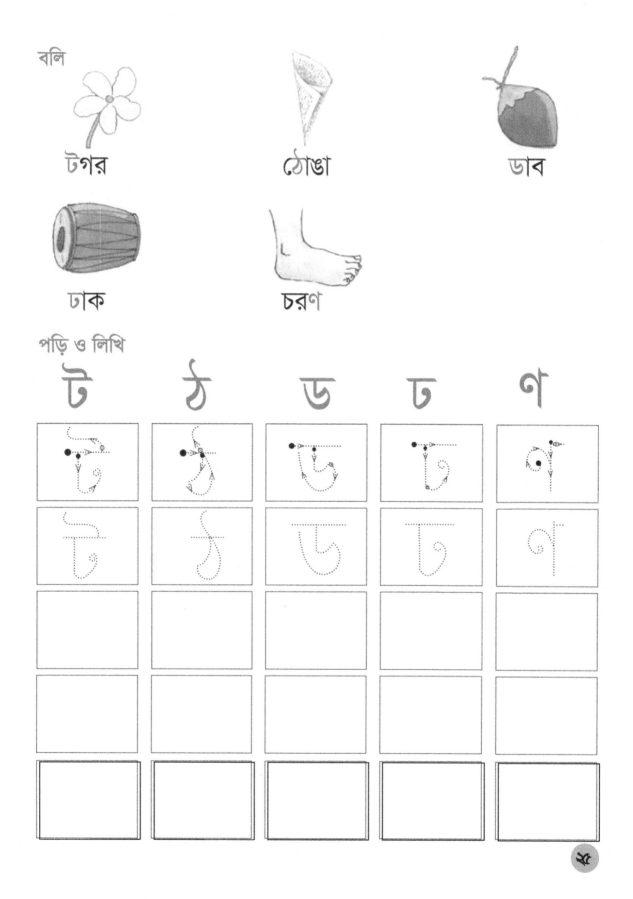

টগর

ঠোঙা

ডাব

ঢাক

চরণ

পড়ি ও লিখি

ট	ঠ	ড	ঢ	ণ

পাঠ ১৯
বর্ণ শিখি: ত থ দ ধ ন

শুনি ও বলি

তবলা বাজাই। থালা সাজাই।

দই আনি। ধামা টানি।

নদীর জলে নাও চলে। ২০২১

বলি

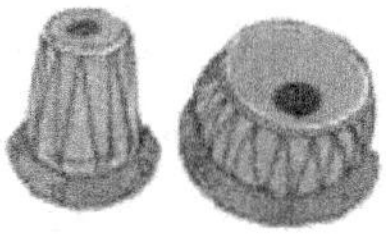

তবলা

থালা

দই

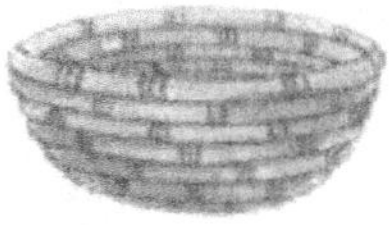

ধামা

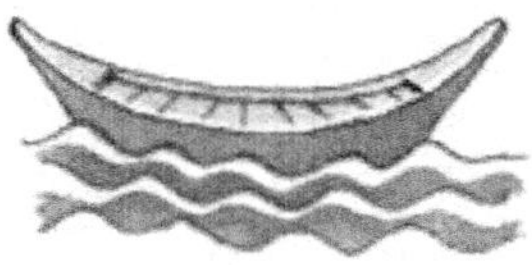

নাও

পড়ি ও লিখি

ত	থ	দ	ধ	ন
ত	থ	দ	ধ	ন
ত	থ	দ	ধ	ন

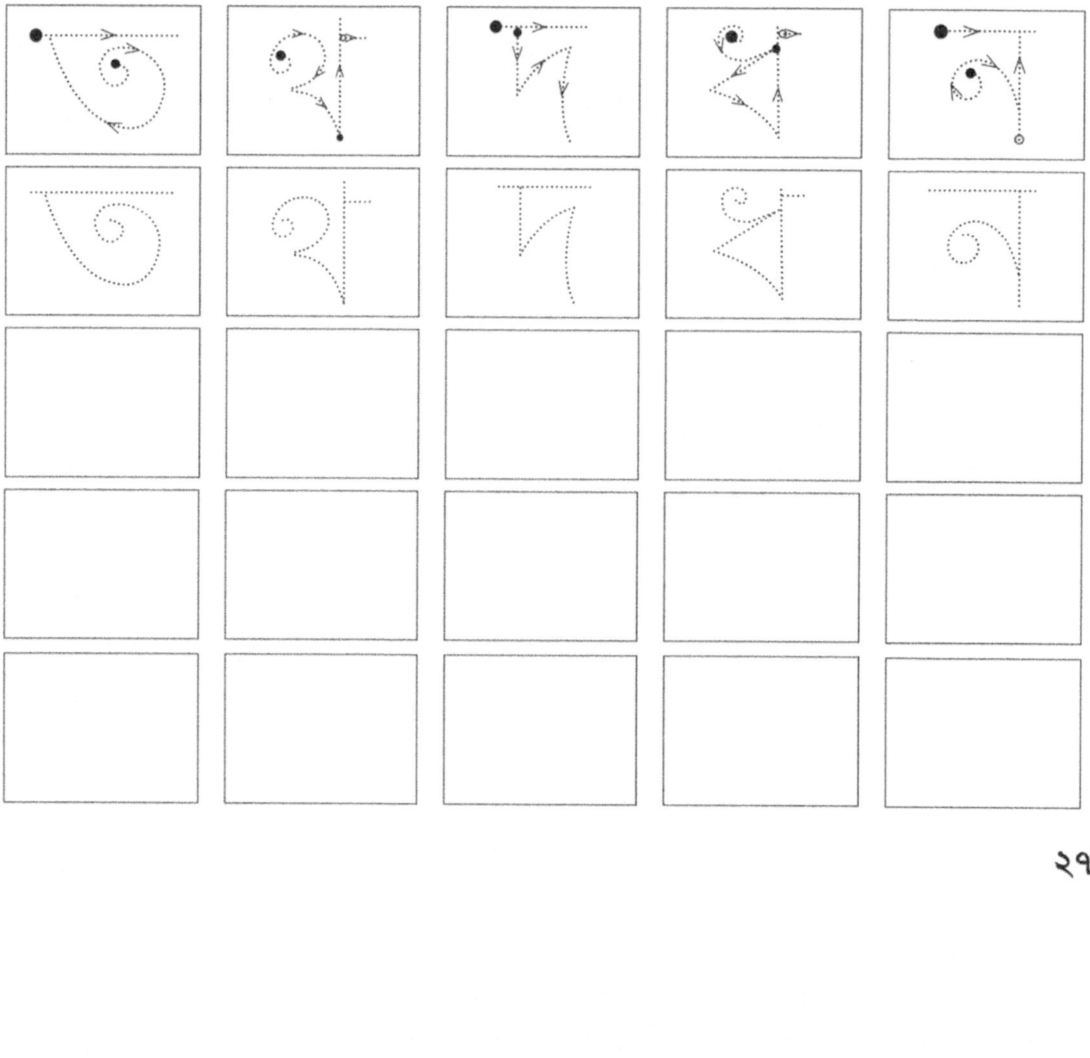

পাঠ ২০
বর্ণ শিখি: প ফ ব ভ ম

শুনি ও বলি

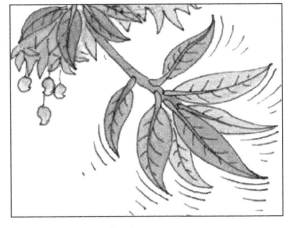

পাতা নড়ে।

ফল পড়ে।

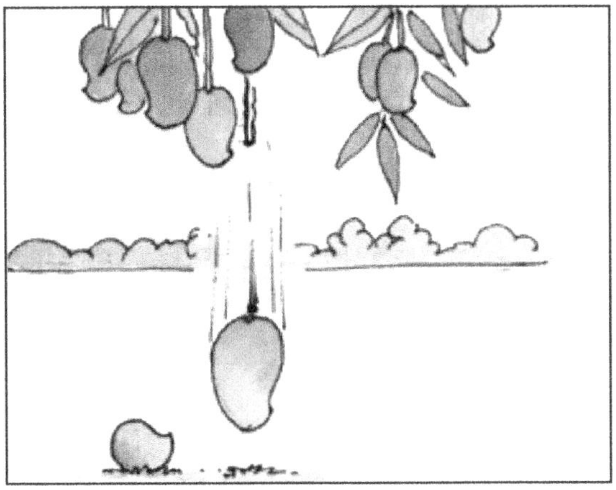

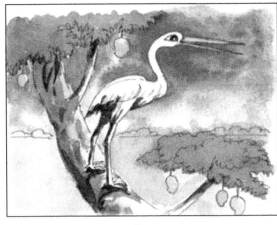

বক গাছে।

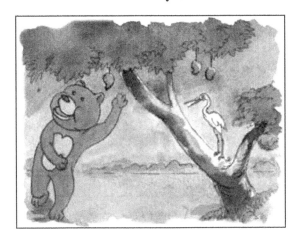

ভালুক নাচে।

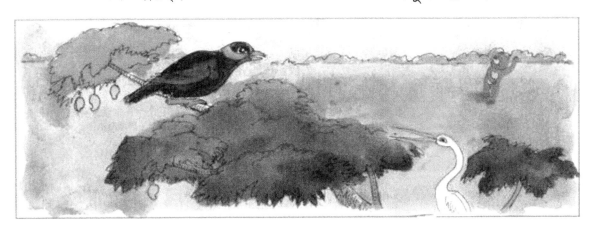

মগ ডালে ময়না দোলে।

২০২১

বলি

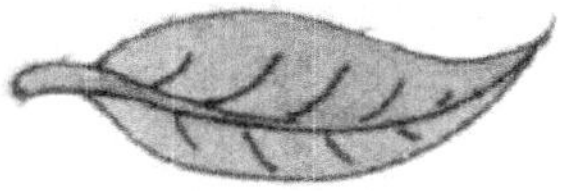

পাতা

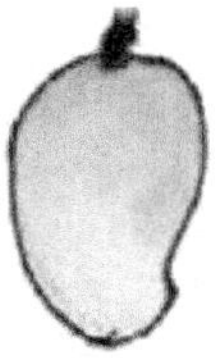

ফল

বক

ভালুক

ময়না

পড়ি ও লিখি

প ফ ব ভ ম

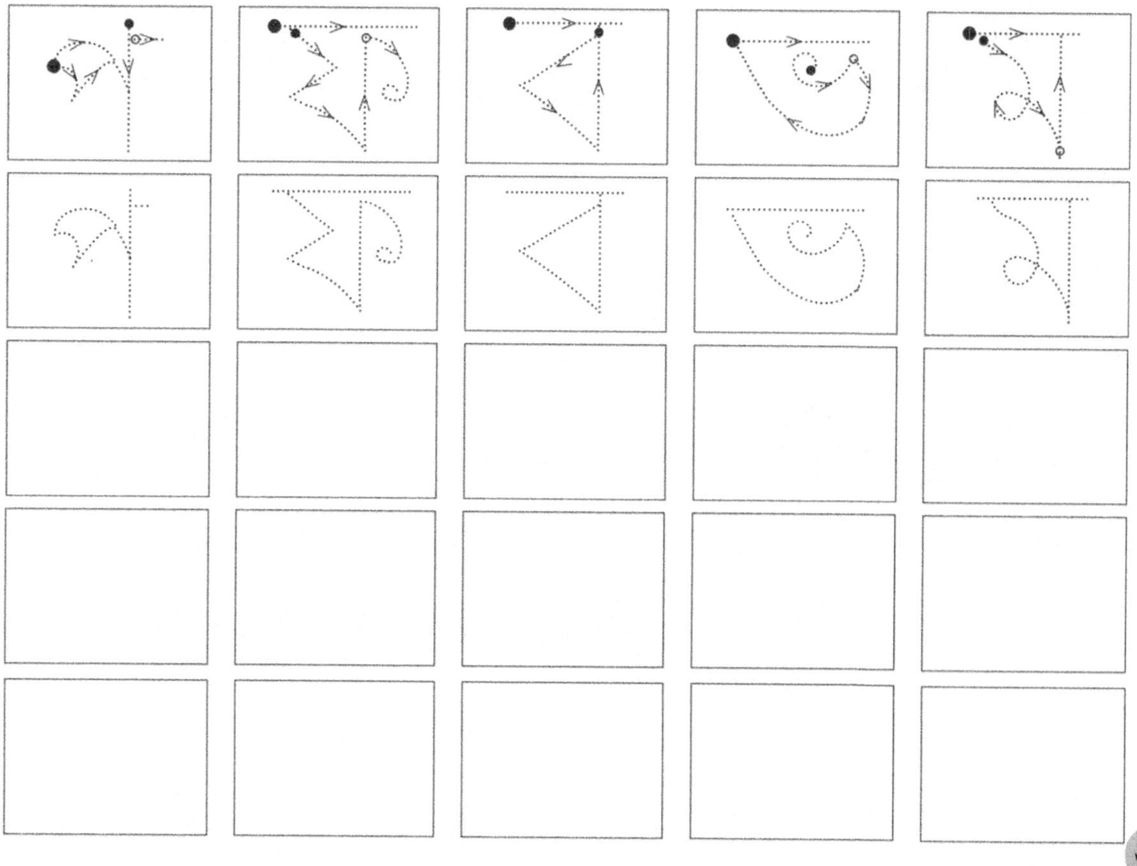

২৯

২

পাঠ ২
পাঠ ২১

শুনি ও বলি

ছড়া

রোকনুজ্জামান খান

বাক বাকুম পায়রা
মাথায় দিয়ে টায়রা
বউ সাজবে কাল কি?
চড়বে সোনার পালকি?

(সংক্ষেপিত)

মুখে মুখে বাক্য তৈরি করি

২০২১

ছবি দেখি, নাম বলি ও লিখি

চক

....

....

....

....

....

....

....

পাঠ ২৩

বর্ণ শিখি: য র ল শ ষ

শুনি ও বলি

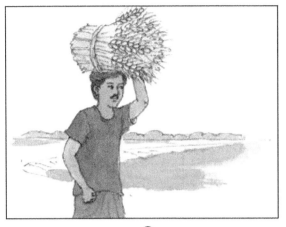

যব আনি।

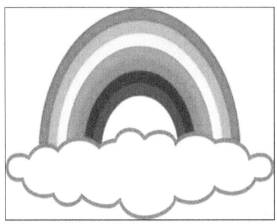

রং চিনি।

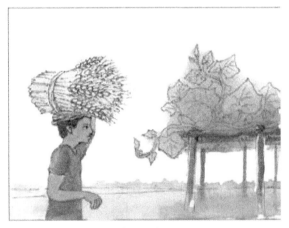

লতা দোলে।

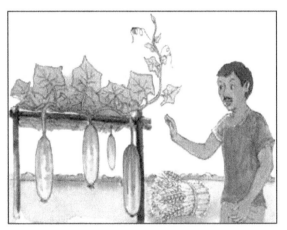

শসা ঝোলে।

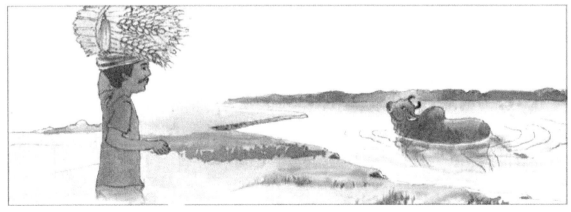

ষাঁড় আসে নদীর কূলে।

২০২১

বলি

যব

রং

লতা

শসা

ষাঁড়

পড়ি ও লিখি

য	র	ল	শ	ষ

পাঠ ২

পাঠ ২৪
বর্ণ শিখ: স হ ড় ঢ় য়

শুনি ও বলি

সবুজ পাতা।

হলুদ ছাতা।

ঝড় থামে।

আষাঢ় নামে।

পায়রা যায় ঘরের কোণে।

বলি

সবুজ

হলুদ

ঝড়

আষাঢ়

পায়রা

পড়ি ও লিখি

স	হ	ড়	ঢ়	য়

পাঠ ২৫
বর্ণশিখি: ৎ ং ঃ ঁ

শুনি ও বলি

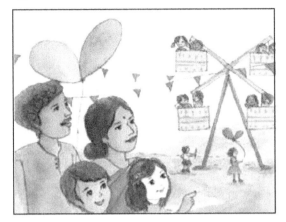

উৎসব মাঝে।

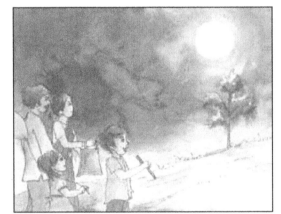

সং সাজে।

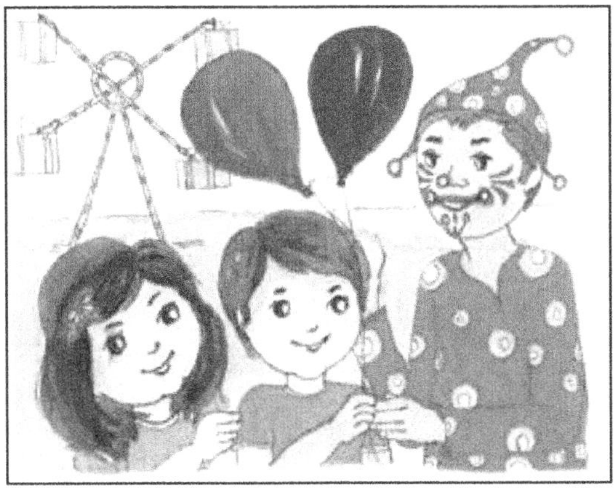

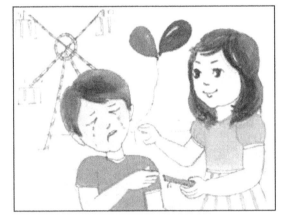

দুঃখ ভোলো।

চাঁদের আলো।

বলি

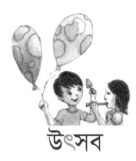

উৎসব

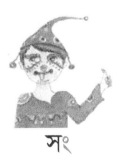

সং

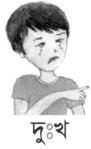

দুঃখ

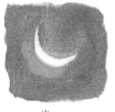

চাঁদ

২০২১

পড়ি ও লিখি

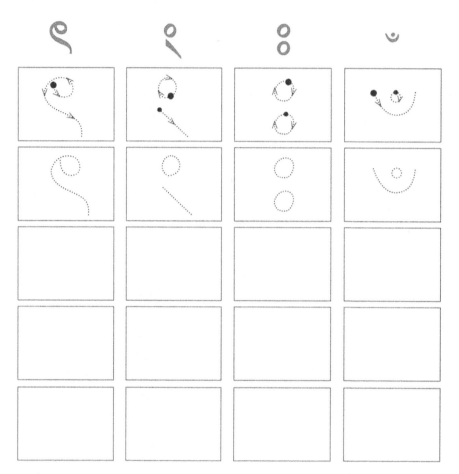

ৎ ং ঃ ঁ

শুনি ও ছবির নিচে খালি ঘরে ঠিক বর্ণ বসিয়ে শব্দটি তৈরি করি

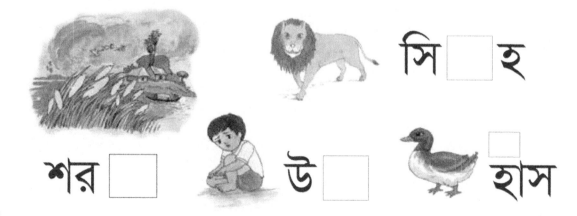

সি☐হ

শর☐

উ☐

হাস

পাঠ ২৬

ব্যঞ্জনবর্ণ

পড়ি ও খাতায় লিখি

ক	খ	গ	ঘ	ঙ
চ	ছ	জ	ঝ	ঞ
ট	ঠ	ড	ঢ	ণ
ত	থ	দ	ধ	ন
প	ফ	ব	ভ	ম
য	র	ল	শ	ষ
স	হ	ড়	ঢ়	য়
ৎ	ং	ঃ	ঁ	

শুনি ও বলি

হনহন পনপন

সুকুমার রায়

চলে হনহন
ছোটে পনপন

ঘোরে বনবন
কাজে ঠনঠন

বায়ু শনশন
শীতে কনকন

কাশি খনখন
ফোঁড়া টনটন

মাছি ভনভন
থালা ঝনঝন

ছবি দেখি এবং ছবির শব্দ বলি।

কলকল

ঝমঝম

টলটল

২০২১

ব্যঞ্জনবর্ণ সাজাই

ডান দিকের বর্ণগুলো দেখি। সেগুলো বাম দিকের খালি ঘরে ঠিক জায়গায় লিখি

ক			ঘ	ঙ	
	জ	ঝ	ঞ		
ট	ঠ	ড			
	দ	ধ	ন		
প	ফ		ম		
	ল	শ	ষ		
স	হ		য়		
	ঃ	ঁ			

ঢ	ণ
য	র
ড়	ঢ়
খ	গ
ত	থ
ৎ	ং
ব	ভ
চ	ছ

পাঠ ২৯

বাংলা বর্ণমালা

পড়ি ও খাতায় লিখি

স্বরবর্ণ

অ	আ	ই	ঈ
উ	ঊ	ঋ	
এ	ঐ	ও	ঔ

ব্যঞ্জনবর্ণ

ক	খ	গ	ঘ	ঙ
চ	ছ	জ	ঝ	ঞ
ট	ঠ	ড	ঢ	ণ
ত	থ	দ	ধ	ন
প	ফ	ব	ভ	ম
য	র	ল	শ	ষ
স	হ	ড়	ঢ়	য়
ৎ	ং	ঃ	ঁ	

পাঠ ৩০

শুনি ও বলি

মামার বাড়ি

জসীমউদ্‌দীন

আয় ছেলেরা, আয় মেয়েরা,
ফুল তুলিতে যাই,
ফুলের মালা গলায় দিয়ে
মামার বাড়ি যাই।

ঝড়ের দিনে মামার দেশে
আম কুড়োতে সুখ
পাকা জামের শাখায় উঠি
রঙিন করি মুখ।

(সংক্ষেপিত)

এসো নিজের জানা একটি ছড়া বলি।
খাতায় ইচ্ছেমতো ফুলের ছবি আঁকি ও রং করি।

পাঠ ৩

ছবি দেখি বলি ও লিখি

....

উল

....

....

....

....

....

....

....

....

....

২০২১

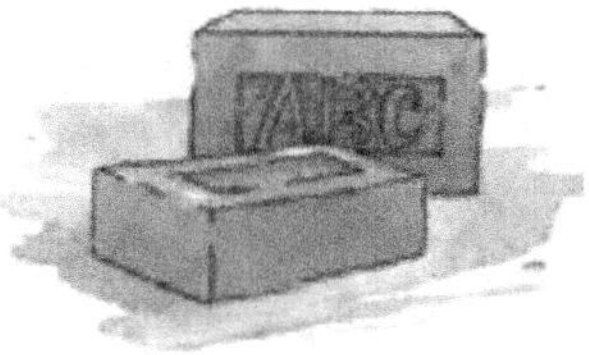

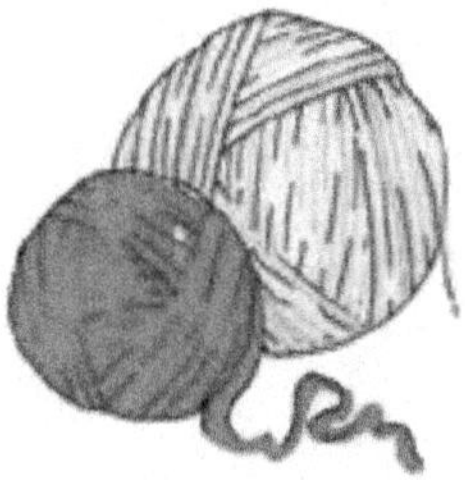

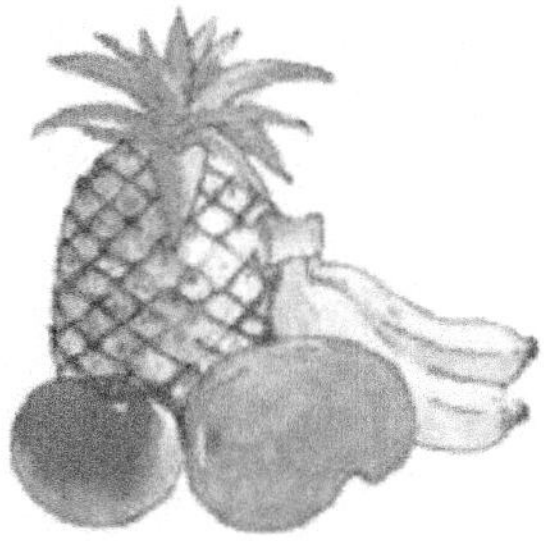

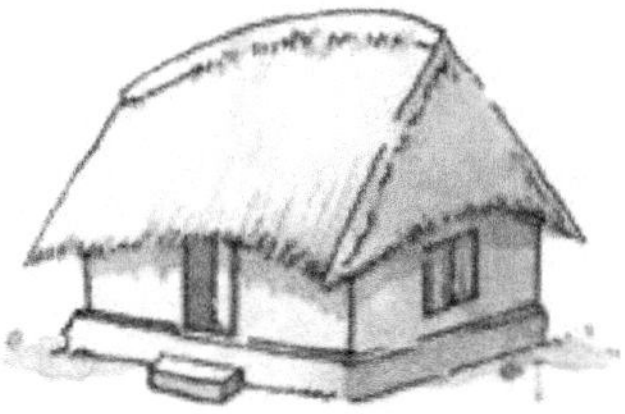

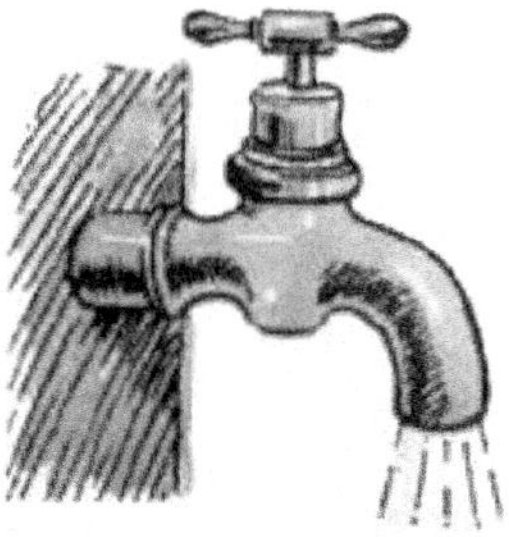

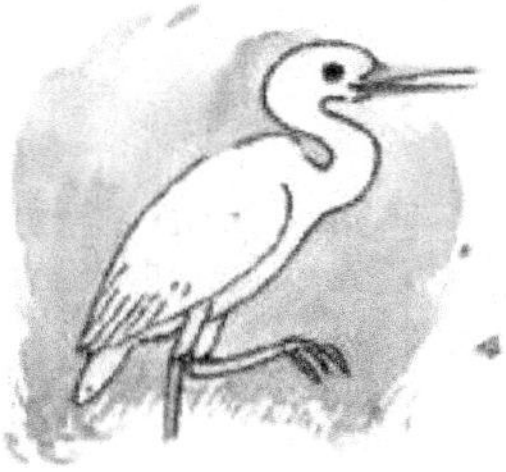

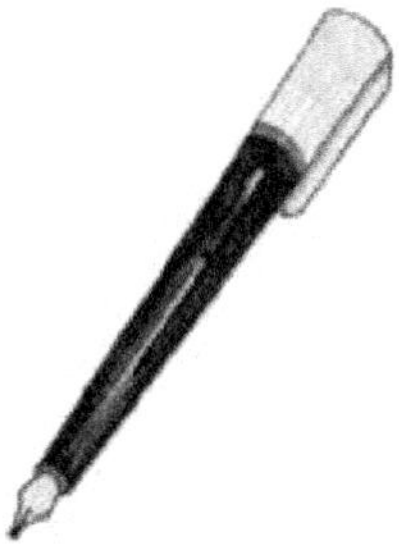

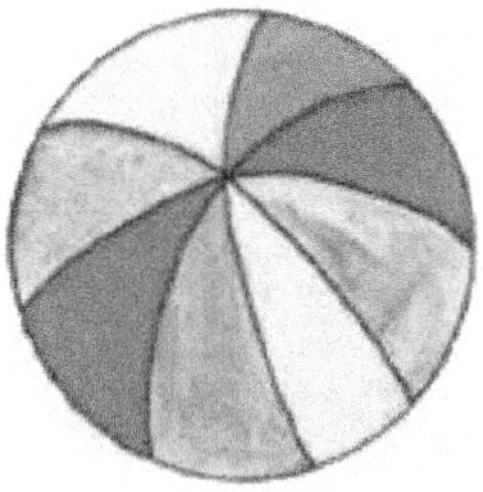

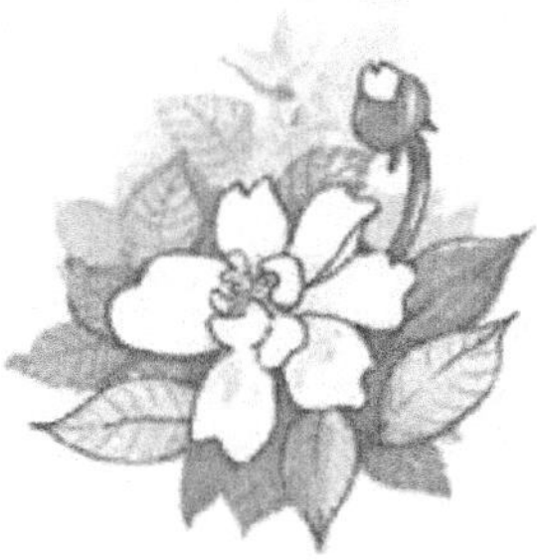

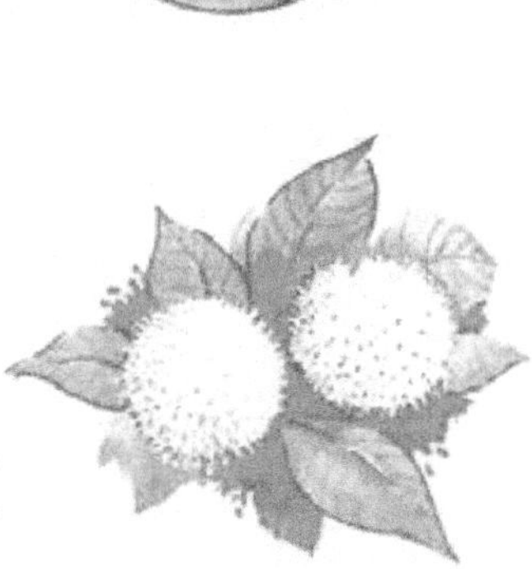

পাঠ ৩২

আ-কার া

ছবি দেখে গল্প শুনি ও বলি

কাকা যায়। ডাব খায়।

খালা যায়। জাম খায়।

নিচের শব্দগুলো উপরের ছবিতে খুঁজে বের করি

কাকা　　ডাব　　খালা　　জাম

ডট মিলিয়ে আ-কার লিখি

আ-কার লিখি ও শব্দ পড়ি

ড ব　　জ ম　　ঢ ক　　ঘ স

পড়ি ও লিখি

ভাত খায়।

গান গায়।

উপরের বাক্যের শেষে লাল চিহ্নগুলো দাঁড়ি

২০২১

পাঠ ৩

-কার ই ি

ছবি দেখে গল্প শুনি ও বলি

ডিম কিনি। ঝিল চিনি।

পড়ি লিখি। ছবি আঁকি।

নিচের শব্দগুলো উপরের ছবিতে খুঁজে বের করি

ডিম ঝিল পড়ি ছবি

ডট মিলিয়ে ই-কার লিখি

ি ি ি

ই-কার লিখি ও শব্দ পড়ি

ডিম ঝিল ছিপ তিমি

পড়ি ও লিখি

ঝিকিমিকি তারা।

ঝিরিঝিরি ধারা।

পাঠ ৩৪

ঈ-কার ী

ছবি দেখে গল্প শুনি ও বলি

নদীর তীর। বাতাস ধীর।

বীণা আনি। গীত শুনি।

নিচের শব্দগুলো উপরের ছবিতে খুঁজে বের করি

নদী তীর বীণা গীত

ডট মিলিয়ে ঈ-কার লিখি

ী ী ী

ঈ-কার লিখি ও শব্দ পড়ি

তীর গীত নীল শীত

পড়ি ও লিখি

শীত যায়।

গীত গায়।

২০২১

পাঠ ৩৫

-কার

ছবি দেখে গল্প শুনি ও বলি

খুকুর ঘুঙুর। ঝুমুর ঝুমুর।

মুমুর পুতুল। আমের মুকুল।

নিচের শব্দগুলো উপরের ছবিতে খুঁজে বের করি

খুকু ঝুমুর পুতুল মুকুল

ডট মিলিয়ে উ-কার লিখি

উ-কার লিখি ও শব্দ পড়ি

খক মম ঘঘ ফল

পড়ি ও লিখি

দুপুর বেলা।
মুমুর খেলা।

উ

ঊ-কার ূ

ছবি দেখে গল্প শুনি ও বলি

ময়ূর যায়। নূপুর পায়।

দূর আকাশে। সূর্য হাসে।

নিচের শব্দগুলো উপরের ছবিতে খুঁজে বের করি

ময়ূর　　নূপুর　　সূর্য　　দূর

ডট মিলিয়ে ঊ-কার লিখি

ঊ-কার লিখি ও শব্দ পড়ি

সর্য　　দর　　কপ　　মল

পড়ি ও লিখি

দূর দেশ।

ধূসর বেশ।

২০২১

৭

ছবি দেখে গল্প শুনি ও বলি

বৃষ এলো দৃঢ় পায়।

মৃগছানা তৃণ খায়।

নিচের শব্দগুলো উপরের ছবিতে খুঁজে বের করি

বৃষ দৃঢ় মৃগ তৃণ

ডট মিলিয়ে ঋ-কার লিখি

ঋ-কার লিখি ও শব্দ পড়ি

বৃষ মৃগ গৃহ কৃষি

পড়ি ও লিখি

কৃষক কৃষিকাজ করেন।

বাবা মৃগেল মাছ ধরেন।

পাঠ ৩

ঋ ‹ -কার

পাঠ ৩

-কার

ছবি দেখে গল্প শুনি ও বলি

জেলে জলে জাল ফেলে।

ধরে মাছ হেসে খেলে।

নিচের শব্দগুলো উপরের ছবিতে খুঁজে বের করি

জেলে ফেলে হেসে খেলে

ডট মিলিয়ে এ-কার লিখি

ে	ে	ে					

এ-কার লিখি ও শব্দ পড়ি

জেলে হেসে বেল রেল

পড়ি ও লিখি

ছেলে মেয়ে
খেলা করে।

৮

এ র ে

২০২১

পাঠ ৩

-কার

ছবি দেখে গল্প শুনি ও বলি

বৈশাখ মাসে বৈকাল বেলা।

সৈকতে বসেছে মেলা।

নিচের শব্দগুলো উপরের ছবিতে খুঁজে বের করি

বৈশাখ　　বৈকাল　　সৈকত

ডট মিলিয়ে ঐ-কার লিখি

ঐ-কার লিখি ও শব্দ পড়ি

বৈশাখ　　বৈকাল　　বৈঠা　　তৈল

পড়ি ও লিখি

বৈশাখ মাস।

মাঝি বৈঠা ধরেন।

ঐ ব ে

পাঠ ৪

-কার

ছবি দেখে গল্প শুনি ও বলি

লোপা বসে ছোলা খায়।

ঢোল হাতে খোকা যায়।

নিচের শব্দগুলো উপরের ছবিতে খুঁজে বের করি

ছোলা লোপা ঢোল খোকা

ডট মিলিয়ে ও-কার লিখি

ও-কার লিখি ও শব্দ পড়ি

ছোলা খোকা ঢোল

পড়ি ও লিখি

থোকা থোকা ফুল।

ছোট ছোট দুল।

ও ব ো

২০২১

পাঠ ৪১

ঔ-কার ৌ

ছবি দেখে গল্প শুনি ও বলি

মৌরি রাখি কৌটা ভরি।

চৌকা ঘুড়ি তৈরি করি।

নিচের শব্দগুলো উপরের ছবিতে খুঁজে বের করি

মৌরি　　কৌটা　　চৌকা

ডট মিলিয়ে ঔ-কার লিখি

ঔ-কার লিখি ও শব্দ পড়ি

মৌরি　　চৌকা　　দৌড়

পড়ি ও লিখি

নৌকায় যায় বউ।

মৌচাকে আছে মউ।

পাঠ ৪২

কারচিহ্ন

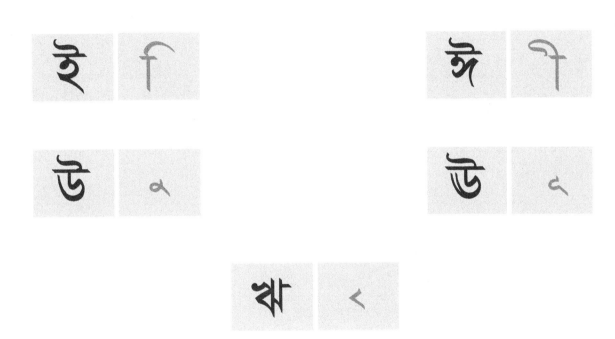

আ	া

শুনি ও বলি

ই	ি
ঈ	ী
উ	ু
ঊ	ূ
ঋ	ৃ
এ	ে
ঐ	ৈ
ও	ো
ঔ	ৌ

পাঠ ৪৩

খালি ঘরে কারচিহ্ন লিখি

আ		ই		ঈ	
উ		ঊ		এ	
ঐ		ও		ঔ	

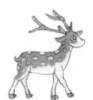

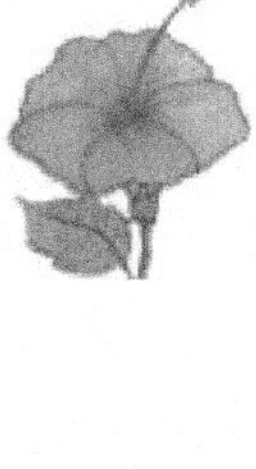

কারচিহ্ন দিয়ে শব্দ লিখি

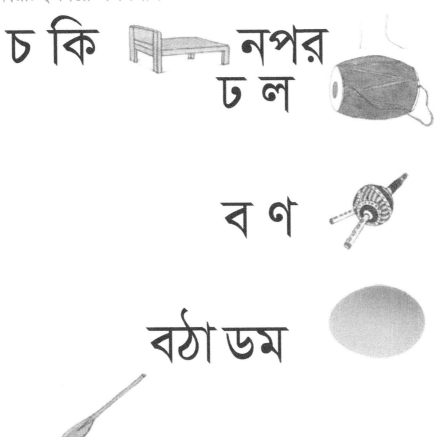

চ কি নপর

ঢ ল

ব ণ

বঠা ডম

ফল

মগ

পাঠ ৪৪

ভোর হলো

কাজী নজরুল ইসলাম

ভোর হলো
দোর খোল
খুকুমণি ওঠ রে!

ঐ ডাকে
জুঁই-শাখে
ফুল-খুকি ছোট রে!

খুলি হাল
তুলি পাল
ঐ তরী চলল,

এইবার
এইবার
খুকু চোখ খুলল!

আলসে
নয় সে
ওঠে রোজ সকালে,

রোজ তাই
চাঁদা ভাই
টিপ দেয় কপালে।

(সংক্ষেপিত)

দাগ টেনে ছবির সাথে শব্দ মিলাই।

চাঁদ	
চোখ	
তরী	

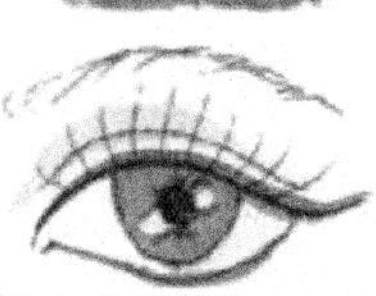

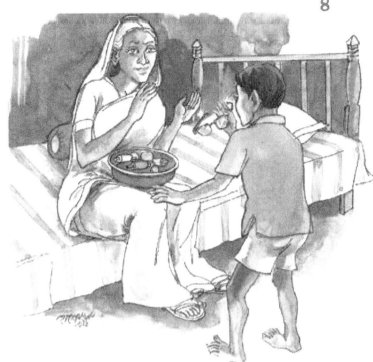

৪

পাঠ ৪৫

শুভ ও দাদিমা

শুভর দাদি সেলাই করবেন। তিনি সুচে সুতা পরাতে পারছেন না। শুভ দেখতে পেল। সে দাদির কাছে গেল। বলল, দাদিমা কী হয়েছে? দাদি বললেন, চশমাটা যে কোথায় রেখেছি। তাই সুচে সুতা পরাতে পারছি না। শুভ বলল, আমি চশমাটা খুঁজে আনছি। একটু পরেই সে চশমাটা নিয়ে এলো। হাসি মুখে বলল, দাদিমা চশমাটা নাও। দাদি খুশি হলেন। বললেন, বেঁচে থাকো ভাই। শুভ বলল, দাদিমা তুমি খুব ভালো।

দাদির/নানির জন্য কী কী করি তা বলি

ছবি দেখি। শব্দ লিখি ও বলি

	চ		শি		ই		দি

দা	খু	সু	ভা

রুবির বাগান

রুবির একটি বাগান আছে। সেখানে নানা রকম ফুলের গাছ। একদিকে লাল গোলাপের সারি। আরেক দিকে হলুদ গাঁদার গাছ। তার পাশে আছে জবা ফুলের ঝোপ। জবার রং লাল।

বাগানের চারপাশে ঢোলকলমি গাছের বেড়া। তাতে বেগুনি ফুল ফোটে। বাগানের দরজার পাশে দুইটি শিউলি গাছ। সাদা শিউলি ফুলের বোঁটা কমলা রঙের। গাছের তলায় সবুজ ঘাস। তার উপর সাদা ফুল ঝরে পড়ে।

রুবির ভাই অমি। তারা বাগানে কাজ করে। গাছে পানি দেয়। বাগানের পাশে মাঠ জুড়ে সরষে খেত। হলুদ ফুলে ভরা। ওরা উপরে তাকায়। সেখানে নীল আকাশ। পুব আকাশে সকালে সূর্য ওঠে। টকটকে লাল রঙের। তার আলো পড়ে ফুলে ফুলে। পুরো বাগান হেসে ওঠে।

ছবি দেখি। ফুলের নাম লিখি। পাশে ফুলটির রঙের নাম লিখি।

গাঁদা	জবা	শিউলি	ঢোলকলমি

	জবা	লাল

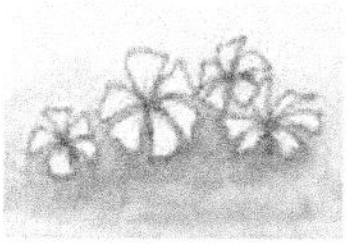

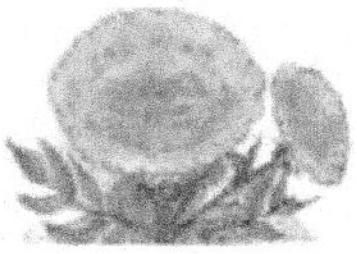

এলোমেলো বর্ণ সাজিয়ে শব্দ বানাই ও লিখি।

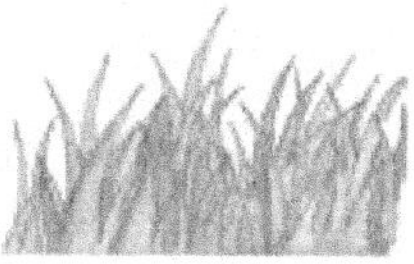

	স	ঘা		ঘাস
	কা	আ	শ	
	প	গো	লা	
	ষে	স	র	

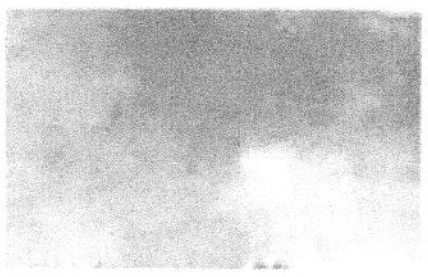

পাঠ ৪৭

মায়ের ভালোবাসা

একদিন মহানবি হযরত মুহাম্মদ (স) সাথীদের নিয়ে বসে আছেন। এমন সময় একটি লোক এলো। হাতে একটি পাখির বাসা। বাসায় দুইটি ছানা।

নবিজি দেখলেন, কাছেই মা পাখিটা উড়ছে। তিনি লোকটিকে কাছে ডাকলেন। তারপর পাখির বাসাটি রাখতে বললেন। তাকে দূরে সরে যেতে বললেন। লোকটি সরে গেল।

মা পাখিটা কাছে এলো। বাচ্চাদের আদর করল। ডানা দিয়ে তাদের ঢেকে রাখল।

মহানবি (স) বললেন, দেখ, মায়ের কতো ভালোবাসা।

নবিজি বললেন, ছানা দুইটিকে বাঁচাতে হবে। বাসাটা আগের জায়গায় রেখে এসো। লোকটি তার ভুল বুঝতে পারল। নবিজির কথামতো কাজ করল।

২০২১

যুক্তবর্ণ শিখে নেই

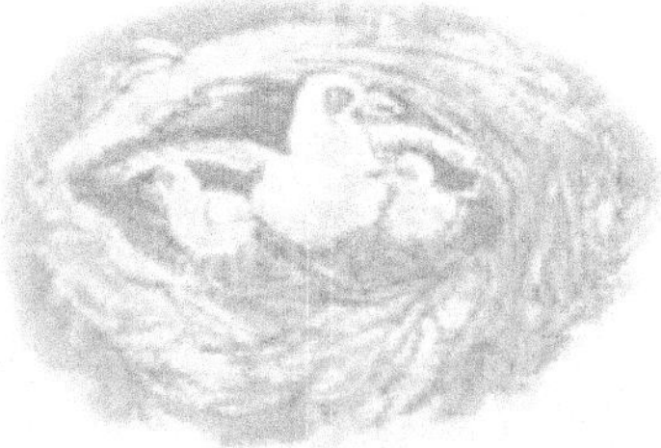

মুহাম্মদ	ম্ম	ম	ম
বাচ্চা	চ্চ	চ	চ

ছবি দেখি এবং শব্দ বানাই ও লিখি

	তা	পা	পাতা
	না	ছা	
	খি	পা	
	ছ	গা	

ডান দিকে কয়েকটি শব্দ আছে। সেগুলো বাম দিকের খালি জায়গায় ঠিক মতো বসাই।

মহানবির নাম .... মুহাম্মদ (স)।

মা পাখিটা বাচ্চাদের .... করল।

লোকটি নিজের .... বুঝতে পারল।

পাখির ছানা দুইটিকে .... হবে।

ভুল
বাঁচাতে
হযরত
আদর

২০২১

৪

পাঠ ৪৮

মুমুর সাত দিন

মুমু রোজ স্কুলে যায়। লেখাপড়া করে।
শনিবার সে পড়ার টেবিল সাজায়।
রবিবার সে বাগান দেখাশোনা করে।
সোমবার গান শেখে।
মঙ্গলবার সাঁতার কাটে।
বুধবার নিজের ঘর সাফ করে।
বৃহস্পতিবার ছবি আঁকে।
শুক্রবার ছুটির দিন।
ওইদিন সে খেলাধুলা করে।

সাত দিনে এক সপ্তাহ হয়।

যুক্তবর্ণ শিখি

স্কুলে	স্ক	স	ক	
মঙ্গল	ঙ্গ	ঙ	গ	
বৃহস্পতি	স্প	স	প	
সপ্তাহ	প্ত	প	ত	
শুক্রবার	ক্র	ক	্র	(র-ফলা)

ভেঙে লিখি

ক্র			স্ক		
ঙ্গ			স্প		
প্ত					

নিচের ঘরে দেওয়া বারের নাম পড়ি। মুমু কোন কাজ কী বারে করে তা বলি ও লিখি।

| বুধবার | শনিবার | মঙ্গলবার | রবিবার | শুক্রবার | বৃহস্পতিবার | সোমবার |

বাগান দেখাশোনা করে .... ।

খেলাধুলা করে .... ।

পড়ার টেবিল সাজায় .... ।

ছবি আঁকে .... ।

সাঁতার কাটে .... ।

নিজের ঘর সাফ করে .... ।

পড়ার টেবিল সাজায় .... ।

আমি কোন বারে কী কাজ করি তা নিচের ছকে লিখি

শনিবার	

তোমার স্কুল সপ্তাহের কোন দিন ছুটি থাকে?

পাঠ ৪৯

ছড়ায় ছড়ায় সংখ্যা

এক আর দুই
জবা আর জুঁই।

তিন আর চার
মায়ের গলার হার।

পাঁচ আর ছয়
বাঘ দেখে ভয়।

সাত আর আট
পুকুরের ঘাট।

নয় আর দশ
খেজুরের রস।

এগারো আর বারো
হাতে হাত ধরো।

২০২১

তেরো আর চৌদ্দ
বাঘে মোষে যুদ্ধ

পনেরো আর ষোলো
নাগরদোলায় দোলো।

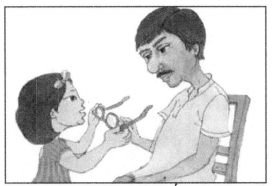

সতেরো আর আঠারো
চশমা আছে বাবারও।

উনিশ আর কুড়ি
নানা রঙের ঘুড়ি।

যুক্তবর্ণ শিখি

চৌদ্দ | দ্দ | | দ | দ   যুদ্ধ | দ্ধ | | দ | ধ

ফাঁকা ঘরে ঠিক সংখ্যা লিখি

এক	দুই		চার	
ছয়		আট		দশ
	বারো			
ষোলো		আঠারো		কুড়ি

পাঠ ৫০

পিঁপড়ে ও ঘুঘু

এক পিঁপড়ের খুব পিপাসা পেল। সে এলো নদীর পাড়ে। পানি খেতে। নদীতে ছিল ঢেউ। পিঁপড়ে পানিতে ভেসে গেল। গাছের ডালে ছিল একটি ঘুঘু। ভাবল, পিঁপড়েটাকে বাঁচাতে হবে। সে একটি পাতা ফেলে দিল পিঁপড়েটার সামনে। পিঁপড়ে সাঁতরে পাতার উপরে উঠল। ঘুঘু পাতাটা ঠোঁটে তুলে ডাঙায় এনে রাখল। পিঁপড়ে প্রাণে বেঁচে গেল। ঘুঘু হলো তার বন্ধু।

অনেকদিন পর। এক শিকারি এলো নদীর পাড়ে। তার হাতে ছিল তীর ধনুক। সে গাছের উপর ঘুঘুটাকে দেখল। শিকারি ঘুঘুর দিকে তীর তাক করল। পিঁপড়েটা সব দেখছিল। অমনি সে শিকারির পায়ে কামড় দিল। শিকারির হাতের তীর নড়ে গেল। ঘুঘুটি ফুড়ুৎ করে উড়ে গেল। বেঁচে গেল প্রাণ।

ছবির শব্দ দিয়ে বাক্য লিখি

....

....

....

পাঠ ৫১

গাছ লাগানো

সোমা আপার পড়ানো শেষ। ক্লাসের সবাই উসখুস করছে।

সোমা আপা : আজ একটা ভারি মজার দিন।

নিনা : কেন আপা?

সোমা আপা : আজ গাছ লাগানোর উৎসবের দিন।

রবি : গাছ লাগাতে হবে কেন আপা?

সোমা আপা : গাছ যে আমাদের কতো কাজে লাগে। ফুল দেয়, ফল দেয়। ছায়া দেয়।

সবাই : চলো, চলো বাগানে। বাগানে নতুন গাছ লাগাব।

সবাই বাগানে গেল। দেখল, সব ক্লাসের ছেলেমেয়েরা কাজ করছে। ওরাও বাগানে নেমে গেল। মাটি খুড়ে গাছ লাগাল। সকলে মিলে গাছের গোড়ায় পানি দিল। ওরা রোজ গাছে পানি দেয়। গাছগুলো ধীরে ধীরে বাড়তে থাকে। ওদের মন খুশিতে ভরে ওঠে।

যুক্তবর্ণ শিখি

ক্লাস ক্ল ক ল

গাছ নিয়ে গল্প বলি।

পাঠ ৫

পাঠ ৫২

আমাদের দেশ

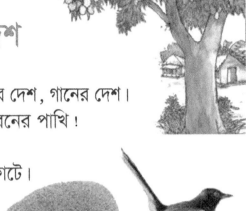

আমাদের দেশের নাম বাংলাদেশ। এ দেশ ধানের দেশ, গানের দেশ।
এ দেশ অনেক সুন্দর। এ দেশে আছে বিচিত্র ধরনের পাখি!
দোয়েল আমাদের জাতীয় পাখি।
এ দেশের বনে বনে, খালে বিলে অনেক ফুল ফোটে।
শাপলা আমাদের জাতীয় ফুল।
এ দেশে আছে অনেক রকমের গাছ।
আম গাছ আমাদের জাতীয় গাছ।
গাছে গাছে ফলে নানা রকমের ফল।
কাঁঠাল আমাদের জাতীয় ফল।
এ দেশের নদীতে আছে কতো রকমের মাছ।
ইলিশ আমাদের জাতীয় মাছ।
আমাদের বনে আছে নানা ধরনের পশু।
বাঘ আমাদের জাতীয় পশু।
আমাদের দেশে আছে অনেক নদী।
পদ্মা, মেঘনা, যমুনা আমাদের বড় নদী।

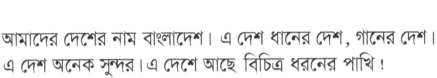

যুক্তবর্ণ শিখি

পদ্মা | দ্ম | দ | ম

ছবি দেখি এবং ঠিক শব্দটি খালি জায়গায় লিখি

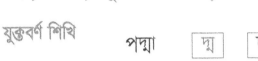

আমাদের জাতীয় পাখির নাম ....।

.... আমাদের জাতীয় ফুল।

আমাদের জাতীয় ফলের নাম ....।

.... আমাদের জাতীয় মাছ।

আমাদের জাতীয় পশুর নাম ....।

২০২১

পাঠ ৫

পাঠ ৫৩

ছবি নিয়ে কথা

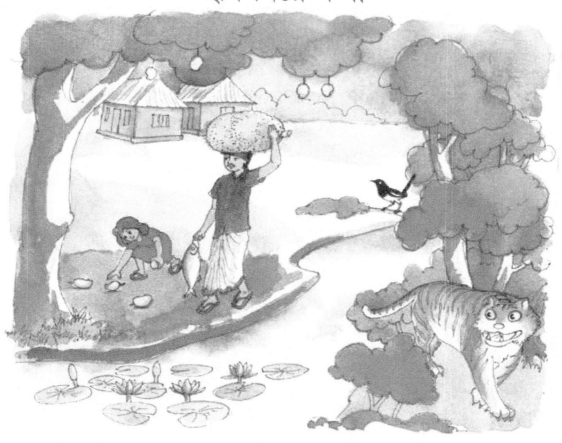

ছবি দেখি ও ইচ্ছেমতো ছয়টি শব্দ লিখি

....

....

ছবি দেখে তিনটি বাক্য লিখি

....

....

....

২০২৪

পাঠ ৫৪

ছুটি

রবীন্দ্রনাথ ঠাকুর

মেঘের কোলে রোদ হেসেছে
বাদল গেছে টুটি,
আজ আমাদের ছুটি, ও ভাই,
আজ আমাদের ছুটি।
কী করি আজ ভেবে না পাই,
পথ হারিয়ে কোন বনে যাই,
কোন মাঠে যে ছুটে বেড়াই,
সকল ছেলে জুটি।
আজ আমাদের ছুটি, ও ভাই,
আজ আমাদের ছুটি।

(সংক্ষেপিত)

কবিতাটির চারটি চরণ খাতায় লিখি। সবাইকে পড়ে শোনাই।

নিচের শব্দ দিয়ে বাক্য লিখি

ছুটি ....

পথ ....

মাঠ ....

পাঠ ৫৫

মুক্তিযোদ্ধাদের কথা

আমাদের দেশ বাংলাদেশ।

এ দেশ যুদ্ধ করে স্বাধীন হয়েছে। সে এক বিরাট ঘটনা। ১৯৭১ সাল। পাকিস্তানিরা বাঙালিদের উপর হামলা করল। তখন মুক্তিযুদ্ধের ডাক দিলেন বঙ্গবন্ধু। তিনি আমাদের মহান নেতা। তাঁর নাম শেখ মুজিবুর রহমান। তিনি আমাদের জাতির পিতা।

পাকিস্তানি সেনারা ছিল দানবের মতো। তারা লাখ লাখ বাঙালিকে মেরে ফেলল। পুড়িয়ে দিল হাজার হাজার ঘরবাড়ি।

বঙ্গবন্ধুর ডাকে বাঙালিরা সাড়া দিল।

পাকিস্তানি সেনাদের বিরুদ্ধে শুরু হলো যুদ্ধ। যাঁরা যুদ্ধ করেছিলেন তাঁরা মুক্তিযোদ্ধা। তাঁদের বুকে ছিল সাহস। ছিল দেশের জন্য ভালোবাসা। তাঁদের অনেকে জীবন দিলেন। নয় মাস চলল যুদ্ধ। শেষে হার মানল পাকিস্তানি সেনারা। আমাদের বিজয় হলো। স্বাধীন দেশে উড়ল লাল সবুজের পতাকা।

আমরা আমাদের দেশকে ভালোবাসি। ভালোবাসি মুক্তিযোদ্ধাদের।

যুক্তবর্ণ শিখি

মুক্তিযুদ্ধ	ক্ত	ক	ত
বঙ্গবন্ধু	ন্ধ	ন	ধ
স্বাধীন	স্ব	স	ব
পাকিস্তানি	স্ত	স	ত

শব্দ দিয়ে বাক্য লিখি

বঙ্গবন্ধু – বঙ্গবন্ধু মুক্তিযুদ্ধের ডাক দেন।

বাঙালি ....

পতাকা ....

জাতির পিতাকে নিয়ে খাতায় তিনটি বাক্য লিখি।

পাঠ ৫৬

শব্দ বলার খেলা

খেলায় দুইটি দল আছে। তিনার দল আর দীপুর দল। ডালায় অনেক শব্দ আছে। তিনার দলের একজন ডালা থেকে একটি শব্দ বলবে। দীপুর দলের একজন ঐ শব্দের শেষ বর্ণ চিনে নেবে। ঐ বর্ণ দিয়ে লেখা শব্দ ডালা থেকে বেছে সে বলবে।

তিনার দল

আম

গাছ

দীপুর দল

মগ

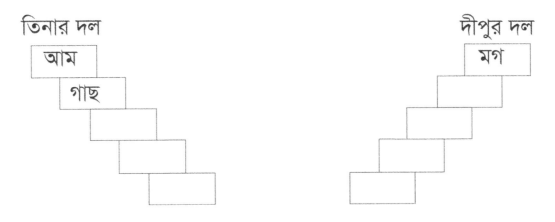

এভাবে খেলাটি চলতে থাকবে।

সমাপ্ত

Made in United States
North Haven, CT
02 February 2022

15527794R00050